FORSCHUNGSBERICHT DES LANDES NORDRHEIN-WESTFALEN

Nr. 3062 / Fachgruppe Geisteswissenschaften

Herausgegeben vom Minister für Wissenschaft und Forschung

Prof. Dr. Helmut E. Lück

Fachbereich Erziehungs- und Sozialwissenschaften
Arbeitsbereich Psychologie
Fernuniversität - Gesamthochschule - Hagen

Dipl. -Psych. Ulla Wilke-Birkenhauer

Fach Psychologie
Universität - Gesamthochschule - Duisburg

Untersuchungen zum kooperativen und prosozialen Verhalten

Westdeutscher Verlag 1981

CIP-Kurztitelaufnahme der Deutschen Bibliothek

Lück, Helmut E.:
Untersuchungen zum kooperativen und prosozialen Verhalten / Helmut E. Lück ; Ulla Wilke-Birkenhauer. - Opladen : Westdeutscher Verlag, 1981.

(Forschungsberichte des Landes Nordrhein-Westfalen ; Nr. 3062 : Fachgruppe Geisteswiss.)
ISBN-13: 978-3-531-03062-3 e-ISBN-13: 978-3-322-87769-7
DOI: 10.1007/978-3-322-87769-7

NE: Wilke-Birkenhauer, Ulla:; Nordrhein-Westfalen: Forschungsberichte des Landes ...

Herstellung: Westdeutscher Verlag GmbH

ISBN-13: 978-3-531-03062-3

INHALT

I.	Bedingungsanalyse kooperativen Verhaltens bei Kindern	1
A.	Einleitung	1
B.	Problemstellung	2
	1. Grundlegende Analysebereiche	3
	2. Zielsetzungen der Untersuchung	4
C.	Bestimmung und Validierung der Untersuchungsanordnung	6
	1. Prozedurale Definition der Kooperation	8
	2. Entwicklung und Beschreibung der Untersuchungsapparatur	14
	3. Überprüfung von Untersuchungskomponenten	16
D.	Untersuchung	22
	1. Experimentelle Bedingungen	24
	2. Subjektive Variablen	28
	3. Versuchsplan	30
	4. Versuchsbeschreibung	31
	5. Untersuchungshypothesen	36
	6. Datenauswertung	39
E.	Ergebnisse	40
	1. Zusammensetzung der Stichprobe	40
	2. Kooperatives Verhalten	42
	3. Interaktionskomponenten	55
	4. Postexperimenteller Fragebogen	59
	5. Situative Angst	61
F.	Diskussion der Ergebnisse	63
	1. Experimentelle Bedingungen	63
	2. Zusammenfassende Schlußfolgerungen	70

II. Verschiedene Untersuchungen zum prosozialen Verhalten 72

A. Fortentwicklung einer Skala zur Moralentwicklung von Kindern 73

B. Moralentwicklung von Kindern in Abhängigkeit vom elterlichen Erziehungsstil 75

C. Prosoziale Persönlichkeitsdimensionen - eine Bewährungskontrolle entwickelter Skalen 77

D. Verantwortung und Vertrauen im Zusammenhang zu anderen Persönlichkeitsdimensionen 80

E. Zum Hilfeleistungsverhalten von Telefonbesitzern: Sozialstatus und Geschlecht des Opfers 81

F. Zum Hilfeleistungsverhalten von Telefonbesitzern: Ähnlichkeit politischer Einstellungen 83

G. Wohnungsangebote für Gastarbeiter 87

H. Sekundaranalyse zur Wirkung positiver sozialer Modelle 88

I. Hilfeleistung gegenüber Frauen und Männern: Die zerrissene Einkaufstüte 90

J. Einfluß von Stimmungen auf Hilfeleistung gegenüber Einheimischen und Ausländern 94

K. Die Darstellung von Hilfeleistung und unterlassener Hilfeleistung in der deutschen Presse 110

III. Ansätze zur Förderung kooperativen Verhaltens 125

A. Eine Maßnahme zur Steigerung sozialer Verantwortung am Beispiel "Kindesmißhandlung" 125

B. Eine Jugendfreizeit mit deutschen und griechischen Kindern 133

IV. Literaturangaben 136

Vorwort

Der vorliegende Bericht faßt einen Teil der empirischen Untersuchungen zusammen, die die Autoren 1975 - 1978 während ihrer Tätigkeit an der Gesamthochschule Duisburg, Fach Psychologie, durchgeführt haben.

Alle Untersuchungen wurden im Rahmen des Forschungsvorhabens "Bedingungen prosozialen und kooperativen Verhaltens - empirisch pädagogisch-psychologische Studien" (II B 7 - FA 5908) vom Ministerium für Wissenschaft und Forschung des Landes Nordrhein-Westfalen aus Landesmitteln gefördert.

Der erste Teil des Berichts ist in erweiterter Form als Dissertation vervielfältigt worden (Wilke-Birkenhauer, 1976). Der zweite Teil wurde in ähnlicher Form als Bericht Nr. 3 des Arbeitsbereichs Psychologie der Fernuniversität in begrenzter Zahl vervielfältigt (Lück 1979).

Weitere, mehr theoretische Arbeiten der Verfasser, die aus dem Forschungsvorhaben hervorgegangen sind oder damit in Verbindung stehen, sind an anderer Stelle veröffentlicht worden (Lück 1977, Lück 1977a, Lück 1978, Wilke-Birkenhauer 1977).

Herrn MR Lars Bahlmann und Herrn MR Dr. Rebhan sei an dieser Stelle für die Betreuung des Projekts seitens des Ministeriums für Wissenschaft und Forschung herzlich gedankt.

Düsseldorf und Hagen
April 1980

Ulla Wilke-Birkenhauer
Helmut E. Lück

I. BEDINGUNGSANALYSE KOOPERATIVEN VERHALTENS BEI KINDERN

A. Einleitung

Der Begriff Kooperation wird in vielen Forschungsansätzen konzeptuell unterschiedlich verwandt und entsprechend vielfältig operationalisiert. Ein Forschungsansinnen innerhalb dieses Themenkreises erfordert demzufolge eine kritische Auseinandersetzung mit diesen Forschungskonzeptionen, deren Beitrag zum Problemgegenstand nur bruchstückhafter und partieller Art ist.

Das Kooperations-Geschehen stellt eine einzigartige und multifaktoriell bedingte Variante sozialer Interaktion dar. Der 'Extrafaktor' (Mc GUINNIES, 1970, S. 208), der bei der Erfassung von Verhalten in sozialen Interaktionen gegenüber dem in individueller Isolation eine Rolle spielt, ist gerade bei einem so grundlegenden Interdependenz-Geschehen wie dem der Kooperation von Bedeutung. Es ist demzufolge eine exakte Analyse der spezifischen sozialen Dependenzen und Kontingenzen, die in einem als kooperativ zu definierendem Interaktionsverlauf wirksam werden, zu leisten.

Die vorliegenden Untersuchungen sind ein Beitrag zum Forschungsbereich sozialer Interaktionsprozesse und ihrer Lern- und Verhaltensbedingungen.

Ziel der Arbeit ist - über eine operationale Neubestimmung mittels einer geeigneten apparativen Anordnung - eine differenzierte experimentelle Analyse von Kooperationsprozessen bei Kindern als komplexer Form sozialer Interaktion unter gleichzeitiger möglichst großer Annäherung an die Alltagsrepräsentativität.

B. Problemstellung

Der kritische Oberblick über die vorliegende Literatur zur Kooperation zeigt - nimmt man die Ergebnisse der Konfliktforschungsstudien und ihrer einseitigen kooperativen Begriffsbestimmung aus - wenig zwingende, methodische und inhaltliche Problemrepräsentanz. Das Fehlen von systematischen Forschungsstrategien, die mangelnde Genauigkeit bei den theoretischen und methodologischen Implikationen und das daraus resultierende Durcheinander der Forschungsansätze, lassen eine Vielzahl von Fragen offen.

Die Deduktion experimentell überprüfbarer Hypothesen auf Grund der vorliegenden Arbeiten erscheint auf der Basis der widersprüchlichen Ergebnisse und der oft mangelnden theoretischen Stringenz derselben kritisch. Da in Untersuchungen zu kooperativem Verhalten, sei es Entscheidungs- oder Handlungsverhalten extrem divergente Einflußbereiche angegangen und zum Teil auch experimentell nachgewiesen wurden, ist es bei der Zielsetzung der Bedingungsanalyse kooperativen Verhaltens notwendig, Einflußgrößen, deren Effektivität in anderen methodisch ähnlich gearteten Studien aufgezeigt werden konnten, weitgehend zu kontrollieren.

Da der Kooperationsprozeß - dies spiegelt sich bis zu einem gewissen Grad in Inhalt und Aussage der vorliegenden Arbeiten wieder - multifaktoriell bedingt ist und demzufolge eine Vielzahl von Analyse-Ebenen zur Bearbeitung offen stehen, ist es schlüssig, in einem parsimonischen Ansatz, also auf niedrigster Annahme- und Analyseebene eben jene Bedingungsbereiche in Form einzelner, repräsentativer Determinanten auszuwählen und anzugehen.

1. GRUNDLEGENDE ANALYSEBEREICHE

Zu den grundlegenden Analyseebenen sind drei Bereiche zu zählen. Die Einflußnahme in weitestem Sinne habitueller Faktoren, d. h. aller derjenigen, die, relativ stabil und langfristig vorhanden, in die experimentelle Situation eingebracht werden. Hierzu gehören persönlichkeitsspezifische Faktoren, die einen Rückschluß auf soziales Verhalten und soziale Einflußnahme hypothetisieren (vgl. KRASNER u. ULLMAN, 1973: "... the very concept of personality is presented to personality as a reified autonomous state" (S. VIII)). Bei Erfassung solcher Einflußvariablen bei Kindern und Jugendlichen sind allerdings methodische Einschränkungen gegeben.

Als weitere, essentielle Analyse-Ebene ist das weitgefaßte und komplexe Gebiet situativer Determinanten zu nennen. Bestimmungsgrößen der Interaktion selbst sind:

1. durch die Bestimmung der kooperativen Prozedur bedingte Verhaltensvorgaben

2. das Auftreten sozialer Korrelate wie z. B. Führerschaftsübernahmen (COHEN, 1962; HAKE et al., 1973) auf Grund spezieller Interaktionsgegebenheiten

3. der durch externe und verhaltensrelevante Termini bedingte direkte Einfluß der Charakteristika des Interaktionspartners.

Je nach der Konzeptualisierung der Kooperation können ihre Verhaltensereignisse, ihre Ablaufform, ihre Handlungsergebnisse in den Mittelpunkt des Interesses gesetzt werden und als einzig bestimmender Faktor des Problembereichs aufgefaßt werden. Sieht man die kooperative Situation in einem experimentellen Design als eine - was die oben genannten drei Bestimmungsgrößen angeht - definierte und kontrollierte Bedingungssetzung mit bekannten Verhaltenskontingenzen an, so sind darüber hinaus die einzelnen von den Interaktionspartnern für den jeweils anderen gesetzten Verhaltenskontingenzen unbekannt (vgl. WEINGARTEN u. MECHNER, 1966).

Da aber auf Grund der Interdependenzen und Wechselwirkungen, die in einem solchen zweiseitigen Reaktionsprozeß vorliegen, multiplikative Wirkungen hypothetisiert werden können, kann eine Analyse derselben nur unter Konstanthaltung und Kontrolle einer Interaktions-Reaktionsform präzise Rückschlüsse ermöglichen.

Die dritte Analyse-Ebene ist diejenige relativ kurzfristiger, predispositioneller Einflüsse, deren Bedingungssetzung nicht unmittelbar in der kooperativen Situation enthalten und an sie gekoppelt ist. Soziale Erfahrungen, von denen eine Veränderung der Ansprechbarkeit auf soziale Schlüsselreize und der damit verbundenen sozialen Reaktionsbereitschaft hypothetisiert werden können, sind bisher nicht in einem Kontext mit sozialen Handlungsformen wie die der Kooperation gebracht worden.

2. ZIELSETZUNG DER UNTERSUCHUNG

Aus den obigen Ausführungen ergeben sich als Rationale eigener Untersuchungen folgende Zielsetzungen:

Insofern nur wenig exakte Aussagen zum Kooperationsgeschehen bei Kindern und seiner Determinanten vorliegen, ist bei der Planung des Experiments von zwei verschiedenen Aufgabenstellungen auszugehen:

1. Einer präzisen Konzeptualisierung des Kooperationsprozesses und seiner prozeduralen Elemente (über eine apparative Anordnung)

2. Einer experimentell repräsentativen Bedingungsinduktion der essentiellen Einflußgrößen, die das Interdependenzgeschehen in einer kooperativen Interaktion bestimmen.

Der Bezug auf grundlegende Bedingungsbereiche erscheint angesichts vorhandener Konfusion als der einzig gegebene Zugang zum Problemkreis. Da Kooperation in der Hauptsache als sozialer Lern- und Verhaltensprozeß (vgl. BREER u. LOCKE, 1965 zur Restrukturierung von Wertesystemen auf Grund von Verhalten) gesehen werden muß, ist die Untersuchung sinnvollerweise bei einer Stichprobe von Kindern anzusetzen.

Wird Kooperation als interdependenter sozialer Akt, in dem das kooperative Handeln einer Person als soziale Verstärkung für andere Interaktionsteilnehmer wirksam wird (KELLER u. SCHOENFELD, 1950; ROSENBERG, 1958; HAKE u. VUKELICH, 1973) angesehen, so ist zu überprüfen, ob und inwieweit sich die soziale Verstärkungseffektivität des Kooperationsgeschehens nachweisen läßt.

Um die Überprüfung solchermaßen beschaffener Einflußgrößen zu gewährleisten, müssen neben der Kooperation für die Vpn alternative Reaktionsmöglichkeiten (individuelles Handeln) gegeben sein, die jedoch nicht so beschaffen sein dürfen (kompetitives Handeln), daß von ihnen nicht eindeutig überprüfbare Wirkungen auf die abhängige Variable Kooperatives Verhalten ausgehen.

Neben der bereits vorab durch die apparative Anordnung festgelegten Bestimmungsgrößen der Kooperationsprozedur, sind durch Setzen von Variablen, von denen ein Einfluß in Richtung auf eine erhöhte Wirksamkeit sozialer Verstärkungsmechanismen erwartet werden kann, die spezifischen sozialen Aspekte des Kooperationsgeschehens nachzuweisen.

Ein differenzierter Ansatzpunkt sind hier experimentelle Methodiken, die in einer Vielzahl von Untersuchungen zum sozialen Reinforcement bei Kindern durchgeführt worden sind, nämlich Studien, die die Beeinflussung von vorhergehender sozialer Isolation und Sättigung auf die Ansprechbarkeit für (verbale) soziale Bekräftigung nachweisen (GERWIRTZ u. BAER, 1958 a. u. b.; WALTERS u. PARKE, 1964; STEVENSON, 1965; PARTON u. ROSS, 1965; ROSENHAN, 1967; ENDO, 1968; KOZMA, 1969; EISENBERGER, 1970).

Zur exakten Erfassung konkreter Verhaltenseinflüsse des Interaktionspartners, also der innerhalb der kooperativen Handlung durch ihre Spezifität gegebenen Verstärkungskontingenzen, ist die Bedingungsvariation des Verhaltens des einen Interaktionsteilnehmers in einer Dyade eine geeignete Methode. Neben externen Beeinflussungsgrößen sind die vorgegebenen Handlungsalternativen in ihrer Abfolge und ihrem relativen Anteil an kooperativen Reaktionen zu variieren.

Der Einfluß subjektiver Faktoren auf die Verhaltenswahl ist durch Erfassung der als wesentlich erachteten habituellen Merkmale zu kontrollieren.

C. Bestimmung und Validierung der Untersuchungsanordnung

Aus den in der Einleitung gemachten Ausführungen zum Problemkreis sind folgende Konsequenzen zu ziehen: Der Forschungsansatz und die resultieren Untersuchungsanordnung müssen unzweideutig auf einer exakten Definition des zu erfassenden kooperativen Interaktionsgeschehens basieren und unter der Zielvorstellung der Analyse sozialer Bedingungsfaktoren bei Kindern ihre Konkretisierung erfahren.

Als erster Schritt hat die Umsetzung einer sach- und problemrepräsentativen Konzeptualisierung kooperativen Verhaltens in eine experimentell faßbare Abbildung zu erfolgen. Unter Berücksichtigung der bisher von Forschungsteams unter divergenter Schwerpunktsetzung verwandten experimentellen Prozeduren (s. HAKE u. VUKELICH, 1972, S. 335) erscheint die Entwicklung einer apparativen Anordnung, durch deren Bestimmungsgrößen eine optimale Kontrolle des Versuchsablaufs gewährleistet wird, als einzig akzeptable Lösung.

Die in den ersten Untersuchungen von O. LINDSLEY und seinen Mitarbeitern entwickelten apparativen Techniken erwiesen sich, was die Abbildung sozialer Beziehungen (vgl. COHEN, 1962) angeht, als durchaus brauchbares labormäßiges Meßinstrument. Zwar muß die Definition der Kooperation als reine Synchronisationsleistung kritisiert werden, die Untersuchung kindlichen Sozialverhaltens mit Hilfe mechanischer und technischer Anordnungen ist jedoch jeder auf der Beobachtungsebene oder ohne explizite Funktionsbestimmung der Meßverfahren und ihrer zu vermutenden methoden-spezifischen Varianzen gewonnenen Datensammlung vorzuziehen. Gerade die Vieldeutigkeit der Meßinstrumente und die darauf auch begründete mangelnde Vergleichbarkeit und Replizierbarkeit der Studien verhindert relevante und konsistente Ergebnisse. Diese Erfahrung einbeziehend wurde die entsprechende Erstellung des experimentellen Meßinstruments und die Überprüfung seiner Adäquatheit für die gegebene Fragestellung durchgeführt.

Weiterhin wurde in Vorversuchen eine der geplanten unabhängigen Variablen in verschiedenen Ausprägungsgraden erfaßt. Zur Bestimmung der präexperimentell zu induzierenden sozialen Ausgangssituation wurde, da in der Literatur divergente Aussagen zu ihrer inhaltlichen Validität vorliegen und dort mit einer Reihe von Versionen gearbeitet worden ist, mehrere Bedingungsklassen vorgegeben und durch entsprechende Nachbefragungen in ihren Ausprägungsdimensionen zu erfassen versucht. Eine Analyse verschiedener sozialer Bekräftigungssituationen erschien auch besonders unter dem Aspekt der Operationalisierung sozialer, d. h. von individuellen und mechanischen Umgebungseinflüssen weitgehend unabhängiger Faktoren notwendig.

1. PROZEDURALE DEFINITION DER KOOPERATION

In Anlehnung an die in Tab. 1 (S. 9) aufgestellte Klassifikation möglicher prozeduraler Dimensionen einer kooperativen Situation wurde unter Einbeziehung der folgenden Gesichtspunkte eine Begriffsbestimmung der experimentell vorzugebenden kooperativen Konzeption erarbeitet:

1. Hauptgesichtspunkt war die Entscheidung zwischen verschiedenen Kooperationsformen in Richtung auf eine in ihren Elementen eindeutig als sozial - gemäß den in der Einleitung gemachten Anmerkungen - definierbare Aufgabenstellung.

2. Des weiteren war die Annäherung an alltägliche Arbeitsformen bei Kindern, soweit dies ohne Verfälschung der interaktionellen Bestimmungsstücke und ihrer zuverlässigen Abbildung möglich war, ein Schwerpunkt.

3. Als dritter Gesichtspunkt war die Festlegung der möglichen Verhaltensalternativen in solche Reaktionsformen notwendig, von denen kein zusätzlicher, schwierig zu kontrollierender Effekt zu erwarten war.

4. Das galt ebenfalls für eventuelle, die Aufgabenstellung und -durchführung begleitende Phänomene. Die Reaktionsform sollte dergestalt sein, daß keine als negativ einstufbaren Elemente, wie z. B. Führungsübernahme innerhalb der Reaktionsabfolge, einseitige Abhängigkeiten durch relative Machtstellung eines Partizipanden etc., enthalten waren oder im Laufe der Handlungsabfolgen auftreten konnten.

Tab. 1: Klassifikation prozedualer Elemente des kooperativen Aktes

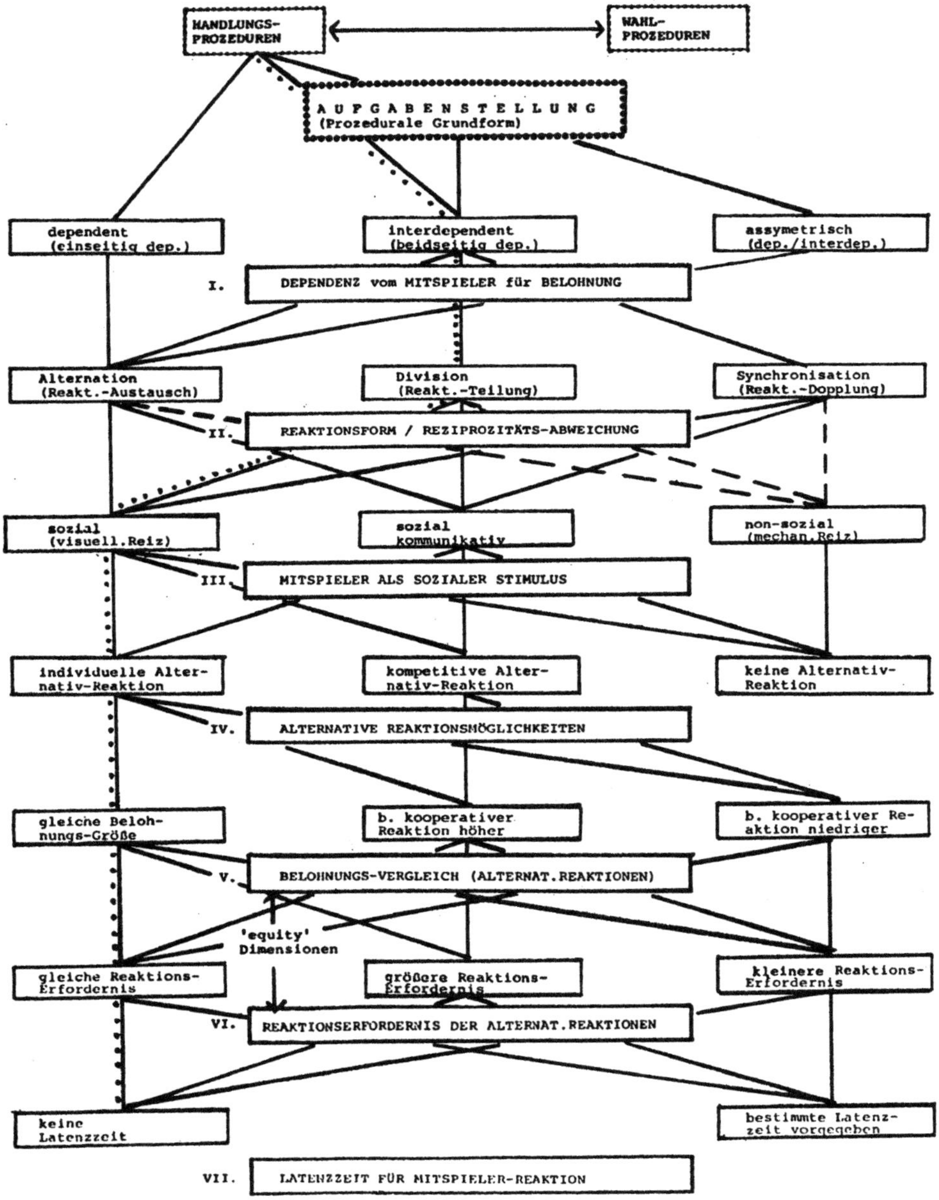

Da nicht Aussagen über Entscheidungsabläufe, sondern insbesondere über die in der Kooperation enthaltenen 'operativen' Größen, also die Handlung selbst, gemacht werden sollten, wurden Reizbedingungen der interaktionellen Umgebung, Merkmalsgegebenheiten der Aufgabe (Reaktion) und Form und Bestimmungselemente des Verhaltensergebnisses (Belohnung) als gesamte Handlungseinheit definiert.

Entlang dieser konzeptuellen und funktionalen Schwerpunktsetzung wurde die Definition der kooperativen Handlung und ihrer Komponenten entsprechend der in Tab. 1 enthaltenen klassifikatorischen Merkmale konzipiert.

Im folgenden werden die gewählten Ausprägungen der einzelnen Dimensionen dargestellt:

I. Als kooperative Urform ist die interdependente Zielerreichung die zutreffendste. Das bedeutet, daß das Handlungsziel, die Belohnung nur erreicht werden kann, wenn beide Interaktionsteilnehmer zusammen reagieren. Im Gegensatz dazu lassen sich auch Kooperationsformen denken, bei denen ein Teilnehmer zur Erreichung seiner Belohnung einseitig dependent von der Reaktion des Anderen ist, z. B. in Studien von MARWELL, SCHMITT u. SHOTOLA, 1971 und SCHMITT u. MARWELL, 1971, bei denen für einen Mitspieler die Möglichkeit zur Wegnahme von Belohnungen bei kooperativem Spiel bestand. Ein kompliziertes Dependenzverhältnis besteht, wenn eine asymmetrische Beziehung vorliegt, d. h. ein Mitspieler nur von der Reaktion des anderen ohne Einfluß der eigenen Handlung (dependent), der andere aber von beiden Reaktionen (interdependent) abhängig ist. Die beiden letztgenannten Formen sind im Alltagsleben selten vorkommende Ausprägungen. In einer enggefaßten kooperativen Definition ist die Interdependenz auch wenn sie zeitliche Verschiebungen einschließen kann, jedoch ein grundlegendes Bestimmungsmerkmal.

II. Bei der Entscheidung für die Handlungsform fiel die Wahl auf eine Divisions-Prozedur aus folgenden Gründen: Synchronisation, d. h. gleichzeitig erfolgende und äquivalente Reaktionen haben als einfache Handlungsformen eindeutige Vorteile der besseren Meßbarkeit, repräsentieren jedoch kooperatives Verhalten, das in der Realität in den seltensten Fällen vorkommt. Gleichzeitig enthalten sie (VOGLER, 1968, a); SCHMITT u. MARWELL, 1968) zusätzliche Fehlerquellen auf Grund ihrer zeitlichen Reaktionsabstimmungserfordernisse. Die Aufgabenstellung darf nicht einen Schwierigkeitsgrad haben, der durch Erfassung intellektueller Fähigkeiten das eigentliche Untersuchungsziel verändert. Sie sollte andererseits aber auch nicht zu einfach sein, um über einen längeren Zeitraum Monotonie auftreten zu lassen. Eine Reaktions-Alternative würde bei Kindern durch einen zu langen Aufschub der kooperativen Reaktion des Partners Zusatzeffekte vermuten lassen. Aus diesen Gründen erscheint eine in zwei Arbeitseinheiten geteilte Reaktions-Aufgabe, deren gemeinsame Durchführung belohnt wird, als die adäquate Methode.

III. Bei der Bestimmung der Stimulusgegebenheiten durch den Mitspieler sind entsprechend WICHMAN's (1970) Befunden sozial-kooperative Reaktionen bei einem Maximum an sozialen Anreizen (Kommunikation und Sicht des Partners) am wahrscheinlichsten. Jedoch sind die über Kommunikations-Induktion enthaltenen Effekte schwierig zu isolieren und in ihren inhaltlichen Aspekten zu kontrollieren. Ein Ausweg sind vorgeschriebene, über mechanische Zeichen begrenzte Kommunikationsformen, wie sie z. B. von ROSENBERG (1960, 1963) angewandt worden sind. Andernfalls kann durch unkontrollierte Kommunikation eine Überbewertung von Verhandlungsstrategien (bargaining, approach, vgl. zusf. NEMETH, 1970) und nicht der Kooperation selbst erfolgen. Die relativ geringen, aber in ihren Ansätzen vielversprechenden Befunde zum Partner als sozialer Reiz und dessen Charakteristika bedürfen noch weiterer Egänzungen, um über die Dimension 'Interaktionspartner' zuverlässige Aussagen zu machen.

IV. Auf die Einflußnahme durch die neben kooperativem Verhalten mögliche(n) Reaktionsform(en) ist bereits ausdrücklich eingegangen worden. Keine Alternativen anzubieten, bzw. nur kooperative Reaktionen zu belohnen, ist nur in Studien über die Acquisition und Extinktion kooperativen Verhaltens sinnvoll. Den Negativeinflüssen einer kompetitiven Reaktion in einem länger andauernden Handlungsgefüge ist die Alternative Alleinarbeit, d. h. eine individuelle Reaktionsform, vorzuziehen, insbesondere da dies eine bei vielen Anlässen durchaus häufige Alternative ist. In experimentellen Anordnungen ist diese Alternative präziser als parallele Arbeit zu definieren (HAKE, VUKELICH u. KAPLAN, 1973).

V. Die Belohnungsstruktur des experimentellen Verhaltenskomplexes ist eine der essentiellen Größen. Variationen derselben, sei es nur auf kooperatives Verhalten oder den relativen Abstand zu alternativen Reaktionen bezogen sowie Bedingungsinduktionen, die über Variationen der Belohnung operationalisiert werden, wie die Ansätze zur 'equity'-Forschung, d. h. der gerechten Verteilung von Belohnungen und der daraus resultierenden Interaktionskorrelate (vgl. zusfd. MARWELL u. SCHMITT (1975) und HAKE, VUKELICH u. OLVERA, (1975) sind in einer Reihe von Untersuchungen als letztlich entscheidenste Bestimmungsgröße nachgewiesen worden (vgl. auch RICHMOND u. WEINER, 1973 und die Arbeiten von MITHAUG u. BURGESS, 1967, 1968, 1969). Die Bestimmung der Belohnungsstruktur und der Verstärkungskontingenzen bei alternativen Reaktionsformen geschieht nach Maßgabe der Fragestellung und nimmt (vgl. auch die 'outcome'-Theorien) innerhalb der angegangenen Bedingungsbereiche den größten Raum ein. Um eine Analyse der spezifisch sozialen Aspekte, d. h. nicht auf Faktoren des Aufgabenergebnisses, sondern auf die in der Interaktion enthaltenen Elemente gerichteten Untersuchung durchzuführen, ist ein möglicher Einfluß durch relative Gleichstellung der Belohnungshöhe für die alternativen Reaktionen weitgehend auszuschließen.

VI. Variationen der Belohnung können in äquivalenter Form über Modifikationen der Arbeitslast einen ähnlichen Wirkungsmechanismus hervorrufen. Auch hier wird die gerechte Verteilung von Arbeit und daraus resultierende Ergebnisse angesprochen. Eine exakte Bestimmung dessen, was als 'gleich hoch' eingeschätzt wird, hängt von einer Vielzahl von Faktoren ab. Wird jedoch ein in eine Interaktion eingebrachter Arbeitsaufwand (input) als nicht equitär empfunden im Vergleich zur Belohnung (output), so führt dies zu entscheidenden Reaktionsmodifikationen (ADAMS, 1965). In der vorliegenden Untersuchung entsprach die Aufgabe bei individueller Durchführung der bei kooperativer; bei kooperativer Aufgabenlösung wurde jedoch die Aufgabenlast in zwei annähernd gleiche Operationen für beide Mitspieler geteilt.

VII. Ein in seiner Gewichtigkeit in der letzten Zeit (z. B. VOGLER, 1969) hervorgehobener Faktor ist die Latenzzeit mit der auf eine kooperative Reaktion die kooperative Antwort erfolgen muß. In der Realität lassen sich eine Reihe von Formen denken, bei denen ein Ko-aktor seinen Teil der Arbeit ausführt, während der andere für die Vervollständigung oder aber die Durchführung eines anderen Aufgabenteils eine größere Zeitspanne zur Verfügung hat. In experimentellen Anordnungen wird aus prozeduralen Gründen die relative Gleichzeitigkeit der Einzelelemente einer kooperativen Reaktion vorgegeben.

2. ENTWICKLUNG UND BESCHREIBUNG DER UNTERSUCHUNGSAPPARATUR

Anhand der im vorigen Abschnitt definierten Grundelemente der Kooperationsprozedur und unter Berücksichtigung der in der Literatur angeführten, methodenkritischen Anmerkungen (BROTSKY u. THOMAS, 1967; VOGLER, 1968 a; SCHMITT u. MARWELL, 1968) über die mangelnde Kontrolle der kooperativen Untersuchungsanordnung auf das gezeigte Verhalten ist eine entsprechend konzipierte Untersuchungsapparatur zu entwickeln. In einer spezifischen Untersuchungsprozedur konnten HAKE u. VUKELICH (1973) die Kontrolle des kooperativen Verhaltens durch entsprechende Modifikationen der Apparatur (der Arbeitsaufwand (Weg) für kooperative Reaktionen wurde in seiner Höhe systematisch variiert) bei retardierten Kindern zeigen; gleichzeitig wurde durch eine Reaktions-Austausch-Prozedur der Nachweis der gegenseitigen dyadischen Verhaltenskontrolle (reziprokes reinforcement) aufzuzeigen versucht. Die Erfassung der sozialen Bekräftigungsstruktur und der sie bedingenden Faktoren kann jedoch auch in Unabhängigkeit von aufgabenbezogenen Belohnungen erfolgen.

2.1. Funktionen der Untersuchungs-Apparatur

Um die soziale und reziproke Natur kooperativen Verhaltens und eine möglichst große Realitätsnähe zu gewährleisten, hat die Apparatur zusammenfassend folgende allgemeine Funktionen zu beinhalten:

1. Bei der Aufgabenstellung muß es sich um einen altersmäßig schwierigen, schnell einübbaren Aufgabentyp handeln, bei dem eine sinnvolle Teilung in zwei Arbeitsschritte möglich ist. Aus diesem Grunde wurde eine visuelle Reiz-Reaktionsaufgabe gewählt.

2. Die kooperativen Reaktionen müssen nicht in simultan koordiniertem Verhalten, sondern in einer sukzessiven Aufgabenleistung bestehen. D.h. die Aufgabe muß aus zwei Segmenten für jeden Partner (Dyade) bestehen, deren Kombination durch jeden einzeln und auch durch Beteiligung beider Partner erfolgen kann.

3. Die Aufgabe muß so konzipiert sein, daß sie mit gleichem Zeitaufwand in individueller und kooperativer Aufgabenstellung bewältigt werden kann.
4. Die für die richtige Lösung vorgesehene Belohnung muß ohne Ansehen der Aufgabendurchführung (alternative, non-kooperativer Akt) äquivalent sein.
5. Die Einflußnahme auf den Partner in Richtung auf soziales, d.h. kooperatives Handeln darf nicht durch verbale Instruktion, sondern ausschließlich durch die vorangehende Wahl der kooperativen Arbeitsweise erfolgen.

2.2. Darstellung der Kooperationsapparatur

Die Apparatur besteht aus drei einzelnen Geräten für eine Vp, dem Reaktions-Panel, dem Farbreiz-Panel und dem gemeinsamen Zähler. (Da der Partner der Vp in der Dyade simuliert wurde, war nur eine einseitige Ausführung der Untersuchungsanordnung vonnöten.). Die Vp sitzt direkt vor dem Reaktions-Panel, während Farbreiz-Panel und Zähler dahinter aufgebaut sind.

Die Aufgabe für die Vp besteht in einer zweiteiligen Handlung: sie hat durch Knopfdruck das Aufleuchten eines Farbreizes auf dem Farbreiz-Panel zu erzeugen, und daraufhin, zeitlich begrenzt, die kongruente Farbtaste auf dem Reaktions-Panel zu drücken. Bei kooperativem Spiel übernimmt sie alternativ nur den ersten oder den zweiten Teil der Aufgabe. Vor der Handlungseinheit ist die Wahl der individuellen bzw. kooperativen Aufgabendurchführung beider Mitspieler durchzuführen.

Mittels einer elektronischen Steuerungsanlage wurden die einzelnen Funktionseinheiten des gesamten Ablaufs geschaltet. An diese Steuerungsanlage angeschlossen war ein 12-Kanal-Ereignis-Schreiber, der neben den verschiedenen Zeitspannen (z.B. zur Wahl einer Reaktionsform) die Wahl selbst von Vp und stooge (vor letzteren vorgegeben) und die Aufgabenlösung (richtig/falsch) aufgezeichnet.

Der gesamte Anteil des simulierten Mitspielers am Versuchsablauf war über die Steuerungsanlage automatisiert. Fehler bei der Aufgabenlösung wurden so nur von der Vp gemacht. Entsprechend den Ergebnissen von Vorversuchen war der Fehlerprozentsatz verschwindend gering.

3. ÜBERPRÜFUNG VON UNTERSUCHUNGSKOMPONENTEN (Vorversuche)

3.1. Zielsetzungen

Mit der Durchführung der Vorversuche sollte zweierlei erreicht werden:

1. Die Vorab-Überprüfung der Funktionen der entwickelten Kooperations-Apparatur und
2. die experimentelle Analyse einer der geplanten unabhängigen Variablen, deren Operationalisierung im eigentlichen Experiment von den Ergebnissen dieser Vorversuche abhängig war.

Es handelt sich hierbei um die Bedingungssetzung der der Interaktion vorausgehenden sozialen Situationen.

In Untersuchungen zum Konzept der sozialen Verstärkung bei Kindern sind im Bereich sozialer Lerntheorien immer wieder vor allem verbale Verstärker erfaßt worden. In einer klassischen Studie konnten GERWIRTZ u. BAER (1958, a.b.) die Ansprechbarkeit für solche Verstärker, d.h. ihre Verstärkungseffektivität, durch Manipulationen der vorhergehenden sozialen Kontaktnahme mit der Vp erhöhen bzw. vermindern. Die Kinder richteten sich je nach vorangegangener sozialer 'Deprivation'- oder 'Sättigungs'-Phase bei einem anschließenden Wahrscheinlichkeitsspiel mit zwei Alternativen mehr oder weniger nach verbal zustimmenden Äußerungen eines erwachsenen VI.

In der Nachfolge zu diesen Studien wurden eine Vielzahl von Untersuchungen zur Stärke sozialer Reinforcer als einer Funktion vorangegangener sozialer Deprivation bzw. Sättigung durchgeführt. Begründet ist dies wohl vor allem in der Kontroverse zwischen GERWIRTZ und seinen Mitarbeitern und WALTERS und seinem Forschungsteam, bezüglich der diesem Phänomen zugrundeliegenden hypothetisierten Prozesse. Während GERWIRTZ (1961, 1969) seine Ergebnisse über ein postuliertes 'social drive-conditions'-Konzept der Bedürfnis-Reduktion bzw. -Sättigung für soziale Einflüsse erklärt, haben WALTERS und seine Mitarbeiter (WALTERS u. PARKE, 1964 a, b; WALTERS u. RAY, 1960) in replizierenden Studien den Effekt auf die während der Isolationsprozedur entstandene, mit situativen Angstkomponenten verflochtene (LEWIS u. RICHMAN, 1964), emotionale Anregungswirkung zurückgeführt und ein grundsätzlich größeres Aktivitäts-Niveau und eine anwachsende Reaktions-Intensität postuliert.

Ergebnisse neuerer Untersuchungen zu diesem Komplex weisen auf die Abhängigkeit des Effektes von der Aufgabenart (EISENBERGER, 1970) vom Alter der Vpn (DORWART et al., 1965) und der bei sozial Deprivierten gleichen Wirkung unabhängig von der Valenz (positiv/negativ) des Reinforcers (ROSENHAN, 1967) hin. Eine Interferenz zwischen der Valenz der vorherigen Interaktion und der danach angesetzten Zeitspanne bis zur Aufgabendurchführung (nach negativer Interaktion und 4tägiger Zeitspanne bessere Leistung) ergab eine Studie von BERKOWITZ et al. (1965). Den Einfluß der Zeit (Min.) bei Isolationsprozeduren konnte KOZMA (1969) zeigen; er wies eine lineare Beziehung zwischen Länge der Isolation, Angstlevel und Reinforcement-Effektivität nach. Der zu großen Konfundierung der Variablen Angst und Isolation zufolge sind nach KOZMA (1971) die Studien zum Effekt der Angstkomponenten gescheitert; in seiner Studie trat der Isolationseffekt nur in Abhängigkeit vom Grad der Angstinduzierung (per Instruktion) und umgekehrt auf.

In einem Vergleich beider theoretischer Konzeptionen kommt ENDO (1968) zu dem Schluß, daß der Hypothese des nach individueller Lerngeschichte erworbenen sozialen Sekundärtriebes von GERWIRTZ der Vorrang zu geben ist. Als Artefakt der vorliegenden Studien sieht er die mangelnde Berücksichtigung der sozialen Schicht als Moderatorvariable an (vgl. auch BABAD, 1974). In seiner theoretischen Analyse der zum Forschungsgegenstand vorliegenden Ergebnisse weist EISENBERGER (1970), genauso wie ENDO auf den mangelnden Nachweis des Lerneffektes aufgrund nicht-sozialer Belohnungen nach Isolation, der nach WALTERS' Hypothesen der generell erhöhten Ansprechbarkeit und Aktiviertheit auftreten müßte, hin. Der Problembereich ist noch nicht ausdiskutiert, als Ergebnis kann jedoch unabhängig von der theoretischen Grundlage nach vorhergehenden, hinsichtlich sozialen Charakteristika definierten Phasen ein Einfluß auf die in einer Aufgabeninteraktion vorgegebenen sozialen Verstärker verbaler Art erwartet werden.

Die in den zitierten Untersuchungen verwandten vorherigen Phasen zur Überprüfung der Stimulations-Effekte sind in unterschiedlicher Weise vorgegeben worden. Die Skala reicht von totaler Isolation über geringe bis zu intensiver sozialer Kontaktaufnahme mit Erwachsenen. Eine eindimensionale Beziehung zwischen,hinsichtlich ihrer Bestimmungsstücke so vieldeutig definierten Bedingungen,kann kaum vermutet werden. Während eine Angstinduktion zugleich mit sozialer Reizarmut (Deprivation) in einer Isolationsphase eher postuliert werden kann, als der Mangel an emotionaler Anregung im Gegensatz zu sozialer Sättigung in einer intensiven Gesprächs- und Spielsituation,ist der Rückschluß auf univariate Effekte hinsichtlich der darauf folgenden Situation nicht nachvollziehbar.

Aus diesen Gründen ergab sich die Notwendigkeit in den Vorversuchen in Form einer Erkundungsstudie anhand subjektiver Daten mehrere vorgegebene soziale Situationen auf ihren Gehalt und ihre soziale Struktur miteinander zu vergleichen, um eine eindeutige Operationalisierung der Ausprägung der sozialen Elemente der Bedingungsklassen dieser Variable zu erreichen.

Bei der Bestimmung der Bedingungsvorgaben des,der experimentellen Interaktion vorhergehenden,sozialen Kontextes galt als grundlegendes Kriterium die eindeutige Abstufung der Intensität des sozialen Kontaktes, wobei Zusatzeffekte z.B. durch innerhalb der Situation vorhandene aversive Reizgegebenheiten weitgehend auszuschließen waren.

Der vorherige Sozial-Kontakt war also hinsichtlich seiner Enge unter zusätzlicher Berücksichtigung seiner Valenz zu definieren.

3.2. Versuchsbeschreibung

3.2.1. Versuchsdaten

Die Vpn-Stichprobe bestand aus 28 Jungen aus drei 6. Schuljahren einer Hauptschule in Duisburg, die im Alter zwischen 11 und 13. Jahren waren (Mittelwert: 11,6 J.). Die Schüler nahmen während der normalen Schulzeit für die Dauer von ca. 40 Minuten am Versuch teil. Der Versuchsraum war ca. 15 m^2 groß und enthielt neben den für Vp und Vl vorgesehenen Stühlen und Tischen, die je nach Versuchsbedingung im Raum plaziert wurden, einige wenige Möbel, jedoch keine auffälligen, visuellen Reize. Vl war eine in Probesitzungen eingeübte Studentin.

3.2.2. Experimenteller Ablauf

Vorgegeben wurden vier im Vorhandensein und Stärke des sozialen Kontaktes graduell abgestimmte Phasen, um eine möglichst große Bandbreite und exakte Differenzierung dieser Situationen zu gewährleisten. Die Dauer dieser Phasen wurde in Anlehnung an die Literatur auf 20 Minuten (GERWIRTZ u. BAER, 1958 a., b.) festgelegt.

Die vier Bedingungen wurden folgendermaßen operationalisiert:

1. Isolation:
   Die Vp wartet 20 Minuten allein im Versuchsraum und wird dann abgeholt.
2. Soziale Deprivation:
   Die Vp wartet 20 Minuten mit einem bei Eintritt bereits im Raum befindlichen Vl, der abseits an einem räumlich getrennten Tisch sitzt. Der Vl erweckt den Eindruck, ebenfalls zu warten, beschäftigt sich also nicht, vermeidet jedoch auch jeden visuellen oder verbalen Kontakt mit der Vp. Versucht die Vp eine Kontaktaufnahme, so reagiert der Vl abweisend.

3. Neutrale Deprivation:
   Diese Bedingung entspricht der sozialen Deprivation, nur wendet sich der Vl in fünfminütigen Abständen mit kurzen Sätzen, die die Wartezeit betreffen, an die Vp.

4. Sättigungsphase:
   Vp und Vl sitzen sich am Tisch gegenüber und warten gemeinsam. Sie beginnen, durch den Vl angeregt, in freundlicher Atmosphäre ein Gespräch über die Interessen der Vp. Der Kontakt kann auch nach Wunsch der Vp in einem gemeinsamen Spiel bestehen. Der Vl verhält sich während dieses intensiven Kontaktes freundlich, zustimmend und ganz auf die Vp ausgerichtet und an dem von ihr Vorgebrachten interessiert.

Die Vpn wurden zufällig auf die vier Versuchsbedingungen verteilt, so daß jeder Gruppe aus einer n = 6-Zellenbesetzung bestand. Zur Erfassung der Phasen-Beurteilung wurden den Vpn nach Durchlaufen der Bedingungen verschiedene Testverfahren vorgelegt. Um eine genauere Abbildung der subjektiven Beurteilung der Phasen durch die Vpn zu erhalten, wurden den Vpn vier verschiedene Tabellen mit Eigenschaftswörtern unmittelbar nach dem Versuch vorgegeben. Für diese Testform wurde sich aufgrund der kindgemäßeren vereinfachten Aufgabenart, des besseren Verständnisses bezüglich der Fragestellung und des geringen Leseaufwandes entschieden. Die Zusammenstellung der Adjektive erfolgte z.T. in Anlehnung an den von HECHELTJEN und MERTESDORF (1973) für diese Altersgruppe entwickelten Stimmungsfragebogen. Mit Hilfe der vier auf Kärtchen gedruckten Eigenschaftswörter-Zusammenstellungen hatten die Vpn vier Aspekte der Versuchssituation alternativ (stimmt/stimmt nicht) zu skalieren. Die vier Beurteilungsgesichtspunkte bezogen sich

I. auf den Gefühlszustand der Vp während der Phase (Selbstbeurteilung)

II. die Beurteilung des Vl (außer der Isolations-Phase)

III. die Beurteilung des Versuchsraumes und

IV. die Beurteilung eines Bildes, welches eine soziale Außenseiterproblematik darstellte (entnommen aus dem Sozialen Einstellungstest (S-E-T von JÜRGER).

Die Zusammenstellung der Adjektive erfolgte der jeweiligen Fragestellung entsprechend und beinhaltete Faktorenbereiche der Aktiviertheit (I/II), der Nervosität und Angst (I/IV), der Entspanntheit und Sorglosigkeit (I/IV), optischer und akustischer Aspekte (III) und eine Reihe den Sozialkontakt beschreibender Items (I/II/IV). (Fragebogen und Tabellen siehe Anhang.).

Nach Durchführung dieses Teils der Vorversuche spielten die Vpn an der Kooperationsapparatur eine Reihe von Probedurchgängen mit unterschiedlichen apparativen Ablaufzeitvorgaben durch, um die durch Zeitfaktoren bestimmte Aufgabenschwierigkeit zu ermitteln. Anhand der so erhaltenen Durchschnittswerte wurden die Zeiten zu Handlungseinheiten (Farbreizauslösung/Farbtastenreaktion) ermittelt, keine Zeitbegrenzung wurde für die Wahl- und Entscheidungseinheit gesetzt.

3.3. Ergebnisse

Zur Auswertung der alternativ vorgegebenen Daten zu den vier Eigenschaftswörter-Beurteilungen wurde aufgrund der geringen Erwartungswerte der FISHER-YATES-Test (LIENERT, 1962, S. 82 ff.) herangezogen. Die Differenzierung der vier Phasen über die erfolgten Beurteilungen geschah (pro Item) in der jeweils für zwei Phasen erstellten Vierfelder-Anordnung mittels der FINNEY-Wahrscheinlichkeits-Tafeln (LIENERT, 1962, S. 339 ff.). Bedeutsame Unterschiede (5 %-Niveau) ergaben sich bei der Beurteilung der subjektiven Befindlichkeit der Vp im Hinblick auf Aktivitäts-Items (erwartungsgemäß wird die Möglichkeit der Kontaktaufnahme als alternativ, nicht langweilig beurteilt; hier unterscheidet sich die Sättigungsphase im Gegensatz zur Isolationsphase).

Die Vl-Beurteilung entspricht in ihren Phasen-Differenzierungen den experimentellen Intentionen. Der Unterschied bezieht sich auf Eigenschaften, die Form und Häufigkeit des Sozialkontaktes beinhalten. Zwischen den beiden Deprivationsphasen werden kaum Unterscheidungen gemacht. Die Versuchsraum-Beurteilung ergab keine Differenzen zwischen den Vpn-Gruppen, ebenso die Bild-Beurteilung.

Insgesamt lassen sich im Gegensatz zur Isolationsphase die Phasen 2 - 4 als graduelle Abstufungen des Sozialkontaktes interpretieren, wobei zwischen der sozialen Deprivation (ohne akustische und visuelle Kontakte) und der neutralen Deprivation (Kontaktaufnahme vorhanden, allerdings selten) wenig differenziert wird. Die absolute Isolation erzeugt dagegen zusätzlich negative Emotionen und ist demzufolge als Bedingungsvariable unter dem Aspekt relativ unkontrollierbarer Einflußnahme wenig geeignet.

Die vorliegende experimentelle Anordnung diente der Erkundung für die Vpn-Stichprobe wahrgenommenen Situations-Charakteristika und ihre Ergebnisse sind, da eher deskriptiver Art, nur als Anregung für die Wahl der Bedingungsvorgabe zu werten und nur für Stichproben mit ähnlichen Merkmalen anwendbar.

D. UNTERSUCHUNG

Entsprechend den in den vorhergehenden Kapiteln dargestellten theoretischen Implikationen und prozessuralen Konditionen des kooperativen Interaktionsgeschehens wurde die Untersuchungsanordnung verwirklicht.

Hierbei galt es vor allem, entgegen den bisher vorliegenden experimentellen Studien, nicht nur einzelne Einflußgrößen, sondern kombinierte Effekte aus den wesentlichen in Frage kommenden Einflußbereichen zu erfassen. Die Analyse kooperativer Verhaltensabläufe und ihrer Bedingungsgrößen wurde einmal über Induktion von Variablen, von denen Effekte insbesondere auf die sozialen Charakteristika der kooperativen Interaktion erwartet wurden, zum zweiten über die Kontrolle dispositioneller Charakteristika und zum dritten über die Differenzierung der kooperativen Reaktionseinheiten entwickelt.

Zur Erfassung und Analyse kooperativen Verhaltens war der Versuchsaufbau in drei Variablen-Bereiche gegliedert:

1. Ermittlung und Kontrolle pre-experimenteller relativ stabiler subjektiver Variablen, von denen eine Einflußnahme auf dyadische Interaktionen der hier geplanten Art hypothetisiert werden kann.
2. Induktion des pre-interaktionellen situativen Kontextes unter Berücksichtigung der in den Vorversuchen ermittelten Beschreibungscharakteristika.
3. Induktion der interaktionellen und sequentiellen Bedingung 'Partner-Verhalten', deren Vorgabe unmittelbar in der experimentellen Situation erfolgt. Der Entschluß, situative Einflußgrößen durch die Festlegung der Reiz- und Reaktionsgegebenheiten des einen Interaktions-Teilnehmers anzugehen, begründet sich grundsätzlich durch die in einer Interaktion trotz begrenzter Reaktionsmöglichkeiten enthaltene Verhaltens- und Einfluß-Variabilität; die Abbildung solcher immer relevanter Interdependenzen sollte ausschließlich über die abhängige Variable 'kooperatives Verhalten' erfolgen, um unkontrollierte Einflüsse multipler Art weitgehend auszuschließen.

Neben den bereits vorab durch die apparative Anordnung festgelegten Bestimmungsgrößen der Kooperationsprozedur wurden die aufgrund der Vorversuche erhaltenen Ergebnisse zur endgültigen Festlegung des Versuchsplanes herangezogen. So entstand ein Versuchsplan, der die unabhängigen Variablen in jeweils zwei Alternativausprägungen (Bedingungsklassen) enthielt, wie weiter unten darzustellen sein wird.

Da die Untersuchungs-Stichprobe aus Kindern bestand und unterschiedliche vorexperimentelle Einflüsse weitgehend ausgeschlossen werden sollten, wurde als Untersuchungsort die Schule, und zwar während des normalen Unterrichtsablaufs gewählt. So war für alle Vpn sichergestellt, daß ihre Ausgangssituation vor Beginn des Experiments im wesentlichen durch identische Komponenten im Hinblick auf ihre soziale Beschaffenheit gekennzeichnet war. Weiterhin wurden Einflüsse einer fremden Umgebung durch die vertrauten Räumlichkeiten ausgeschlossen.

1. EXPERIMENTELLE BEDINGUNGEN

Bei den expeimentell zu setzenden unabhängigen Variablen muß wie oben bereits ausgeführt, zwischen vorhergehender und prozeduraler Bedingungsinduktion unterschieden werden, nachdem ein Einfluß durch die Ausgangslage ausgeschlossen werden kann. Gerade durch die Einführung einer sog. Vorphase wird diese Ausgangslage weiterhin unter experimentelle Kontrolle gebracht. Die Oberprüfung der Effekte situativer, d.h. interaktionsrelevanter Faktoren, deren wichtigster ohne Frage das Verhalten des Interaktions-Partners als soziale Reizgegebenheit ist, geschieht durch Einführung eines falschen Mitspielers (stooge).

1.1 Vorheriger sozialer Kontakt

Entsprechend den im vorigen Kapitel gemachten Ausführungen wurde diese unabhängige Variable eingesetzt, um den Bedingungsbereich relativ kurzfristiger Predispositionen, im Hinblick auf gemeinsame bzw. individuelle Operationen in einer Dyade anzugeben. Neben diesen grundsätzlichen Erwägungen war eine aus der theoretischen Definition kooperativen Verhaltens als einer Interaktion, in der wenigstens einer der Teilnehmer auf das Verhalten des anderen reagiert, abgeleitete Schlußfolgerung über die Bedingungsvariation von Mangel an sozialer Kontaktaufnahme der spezifische, von der Aufgabenstellung relativ unbeeinflußte soziale Aspekt eines interaktionellen Handlungsablaufs zu beeinflussen.

Das Herstellen eines sozialen Deprivations- bzw. Sättigungszustandes und eine darauf folgende Veränderung der Bereitschaft zu sozialen bzw. individuellen Aktionen ist in dieser Form bisher experimentell nicht untersucht worden. Daß durch Manipulation vorhergehender sozialer Kontakte Veränderungen hinsichtlich der Ansprechbarkeit für soziale (verbale) Verstärkungen bei Aufgabenleistungen erzielt werden können, ist nachgewiesen. In einem Vergleich konnte YOSHINO (1972) die Modifikation der Verstärkungs-Empfänglichkeit, bezogen auf interpersonelles ('kooperativer' Austausch von Spielzeug) Verhalten, aufzeigen.

Soziale Verstärkung ist hier immer operationalisiert worden als zustimmendes, anerkennendes, belobigendes Verbalverhalten des erwachsenen Versuchsleiters den kindlichen Versuchspersonen gegenüber.

Angeregt durch die Ergebnisse der Vorversuche wurden folgende Bedingungsklassen des Faktors 'vorhergehender sozialer Kontakt' definiert:

1. Neutrale Phase (N) und
2. Sättigungs-Phase (S).

Eine absolute Isolation in der Vorphase wurde aus folgendem Grunde als Bedingung ausgeschlossen: Durch die Vorgabe einer isolierten Wartezeit, sei sie noch so kurz, können Einflüsse, die nicht sozialbezogen sind, in geringem Umfang ausgeschlossen werden; zumal sich die Bedingungsklassen, wie sie durchgehend in der Literatur zu sozialen Reinforcement vorgegeben wurden (vgl. STEVENSON, 1965; PARTON und ROSS, 1965) als zwei Pole eines Kontinuums inhaltlich bestimmen lassen.

Die gewählten zwei Bedingungsklassen sind als unterschiedliche Abstufungen des Merkmals 'Häufigkeit und Intensität positiver sozialer Interaktion' aufgefaßt worden und entsprechend operationalisiert worden:

1. In der als 'Neutrale Phase' deklarierten Bedingung wurde die Vp von einem Vl in den Versuchsraum gebracht, in dem bereits ein anderer (weiblicher) Vl, mit dem Gesicht zum Fenster und dem Eintretenden den Rücken zukehrend, an einem Tisch saß. Die Vp wurde mit der Bemerkung, sie möge sich an einen vom Vl-Tisch entfernten Tisch setzen, allein gelassen. Während der Wartezeit machte die Vlin in regelmäßigen Abständen (5 Min.) vorher festgelegte Bemerkungen, die sich auf die Wartezeit bezogen; wurde sie von der Vp angesprochen, so äußerte sie sich nur kurz und uninteressiert. Für die Vpn sollte offensichtlich sein, daß soziale Kontaktmöglichkeiten vom Vl nicht wahrgenommen wurden, der ebenso jeden Blickkontakt vermied und sich völlig desinteressiert gab.

2. In der Sättigungsphase saß die Vlin bereits am Tisch der Vp, wenn diese hereingebracht wurde und ihr Gegenüber auf dem Stuhl Platz nahm. Nach einer standardisierten Einleitung über die gemeinsam zu verbringende Wartezeit, regte die Vlin ein Gespräch über die Interessen der Vp oder ein gemeinsames Spiel an. Während dieses Kontaktes reagierte sie positiv, lobend, freundlich, etc. auf alle Äußerungen der Vp.

Für beide Phasen galt die Festlegung auf 20 Minuten, danach wurde die Vp zum eigentlichen Experiment abgeholt. Eine weibliche Versuchsleiterin bei den männlichen Versuchspersonen war aufgrund des in der Literatur berichteten cross-sex-Effekt (GERWIRTZ und BAER, 1958, a) ausgewählt worden.

1.2 Interaktions-Partner-Verhalten (stooge)

Ausgehend von der Hypothese, daß das kooperative Entscheidungsverhalten einer Person in einer gegebenen Situation durch Aktionen der anderen Person, z.B. reziprokes oder non-reziprokes Verhalten bei einer möglichen gemeinsamen Aufgabenbewältigung im wesentlich beeinflußt wird, wurde die Entscheidung getroffen, situative Einflüsse des Interaktionsverhalten eines der dyadischen Teilnehmer festzulegen und zu variieren. Es ergab sich als Schlußfolgerung der Einsatz eines , vom Vl eingeweihten , falschen Mitspielers (stooge).

Die Begründung für die Induktion einer solchen Variablen ergab sich aus den in Forschungsansätzen zu kooperativem Verhalten bei Kindern bisher verwandten Methodiken. Fast alle bisher erwähnten Studien innerhalb dieses Problembereichs benutzten zufällig zusammengesetzte Vpn-Dyaden. Hierbei ist zum einen der Aufwand an Versuchspersonen durch die dyadische Zusammenfassung der Meßwerte relativ hoch, zum anderen sind unkontrollierte Einflüsse, bedingt durch eine Vielzahl äußerer Charakteristika der Interaktionszusammensetzung nicht ganz auszuschließen. Wenn auch MARWELL und SCHMITT (1975, S. 30 ff) bei ihren Studien als Voraussetzung zur Erfassung situativer Bedingungskomponenten die paarweise Erfassung kooperativen Verhaltens als einen Meßwert betonen, so sind die Aussagen über die grundlegenden Aktionsabläufe und ihre individuellen Parallelen noch zu unspezifisch, um in einem experimentellen Zugang als minimale Analyse-Einheit die Reaktionen einer Person und ihrer Bedingungsbereiche zu wählen. Die Operationalisierung dieser Bedingung war aufgrund des Altersbereiches der Vpn nicht ganz einfach. Einen gleichaltrigen 'stooge' einzusetzen, der bei jeder Vp anwesend und sich immer den Bedingungsdefinitionen entsprechend gleich verhielt, war aus denkbaren Gründen nicht durchführbar. So wurde den Vp mittels einer Video-Recorder-Aufzeichnung ein im Nebenraum an der gleichen Apparatur sitzender Mitspieler suggeriert. Da diese Bedingungen ebenfalls in zwei experimentellen Klassen vorgegeben wurden, wurden zwei Aufzeichnungen erstellt.

Die beiden Bedingungsklassen wurden über die unabhängige Variable der Reaktions-Art (kooperativ/individuell) des Mitspielers spezifiziert. Da die Anzahl der Reaktionen festgelegt war (80 pro Versuch), wurden die stooge-Reaktionen im Verhältnis 1 : 2 als kooperative bzw. individuelle Spiel-Wahlen aufgeteilt. Diese Relation war gewählt worden, da ein sich ausschließlich kooperativ verhaltender Mitspieler relativ unrealistisch erschien, ein 1 : 3-Verhältnis innerhalb der begrenzten Reaktionsvorgabe ebenfalls zu spezifisch erschien. Als endgültige Bedingungsinduktion wurde also

1. ein dog. kooperativer Interaktionspartner vorgegeben, der während der Interaktion im Verhältnis
   1 (individuelle Aufgabenwahl: 27 Reaktionen) zu
   2 (kooperative Aufgabenwahl: 53 Reaktionen) reagiert und
2. ein sog. individueller Interaktionspartner, dessen Reaktionsvorgaben reziprok zum kooperativen Mitspieler definiert waren.

Entsprechend diesen Bedingungsklassen wurden zwei Video-Band-Aufnahmen vorgegeben, die im Falle des kooperativen Mitspielers eines dem Altersbereich der Vpn entsprechenden Jungen an der gleichen apparativen Anordnung zeigten, der häufig aufschaute und lächelte, und zwar kongruent mit von ihm gewählten kooperativen Spielentscheidungen. Die zweite Bandaufzeichnung zeigte den gleichen Jungen, während des Versuchsdurchganges war er jedoch überwiegend über sein Reaktions-Panel gebeugt zu sehen und schaute nur sehr selten in die Kamera. Der Bildausschnitt war so angeordnet, daß die motorischen Reaktionen nicht eindeutig zu identifizieren waren.

2. SUBJEKTIVE VARIABLEN

2.1 Habituelle Variablen

Die Erfassung relativ stabiler Merkmalsbereiche bei Kindern ist aufgrund entwicklungspsychologischer Determinanten und der z.T. dadurch bedingten geringen Reliabilität und Validität der Testverfahren schwierig. Für die Erfassung sozialisationsbedingter Erfahrungs- und Lerncharakteristika stehen keine adäquaten Verfahren zur Verfügung. Eine der wenigen Bereiche, dessen Konzeptualisierung sowohl, was theoretische als auch methodologische Grundlagen angeht, relativ zuverlässig eruiert worden ist, ist die Extra-Introversions-Dimension. Zusammenhänge dieser Persönlichkeitsfaktoren mit anderen dispositionellen Merkmalen sind am ehesten bekannt.

Die Ausprägung der Extraversions-Tendenzen innerhalb der Vpn-Stichprobe wurde aus diesen Gründen vor dem Experiment mit dem Fragebogen H-A-N-E-S von BUGGLE und BAUMGÄRTEL (1972) erfaßt. Nach Ermittlung des Gruppenmittelwertes (Median) wurden die Vpn in zwei Gruppen, nämlich Hoch-Extravertierte (Median) und Niedrig-Extravertierte (Median) geteilt.

Die Bearbeitung anderer Persönlichkeitsverfahren zur Erfassung von Merkmalen, von denen eine Kovariation mit Aspekten interpersonellen Verhaltens vermutet werden kann, wurde zur Kontrolle dieses Variableneinflusses zusätzlich von den Vpn durchgeführt. Aufgrund der Kovariation möglicher Effekte mit der experimentellen Bedingung vorhergehenden

Sozialkontaktes wurde der Merkmalsbereich der Angst erfaßt (A-F-S von WIECZERKOWSKI et al., 1974). Ebenso wurde ein Fragebogen zur Erfassung sozialer Motivationen (S-M-T von R. MÜLLER, 1971) und ein Verfahren zur Bestimmung international bzw. externaler Bekräftigungsüberzeugungen (C-N-S-I-E; in einer deutschen Bearbeitung von SCHNEEWIND) vorgegeben.

2.2 Abhängige Variablen

Vornehmlich diente die Untersuchung der Erfassung der experimentellen Variable 'kooperatives Verhalten'. Abgebildet wurde dieselbe als operant an der Kooperationsapparatur, nämlich als die Häufigkeit der Wahl der kooperativen Spieldurchführungen im Gegensatz zur individuellen Alternative. Weiterhin erfaßt wurden Meßwerte, die in einem unmittelbaren Zusammenhang mit diesen kooperativen Wahlen standen, nämlich Sequenzen über die Zeit (Splitting in Zeitabschnitte) und interaktionelle Abfolgen der Mitspieler-Reaktionen.

Daneben wurden mittels Verhaltensbeobachtung emotionale Bedeutungsgehalte der interaktionellen Situation, bezogen auf Äußerungen der Vp, zu erfassen versucht. Dies geschah mittels einer Video-Übertragung der experimentellen Phase in den Versuchsleiter-Raum. Eingeschätzt wurden Mimik und Gestik der Zuwendung der Vp zum Interaktionspartner nach einer einfachen Negativ/Positiv-Klassifikation von einem über die experimentellen Bedingungen uniformierten Vl. Da das Verhaltensrepertoire der Vpn begrenzt und auf die Aufgabe an der Kooperationsapparatur ausgerichtet war, erschien eine größere Differenzierung innerhalb der Beurteilung als scheingenau. Dimension war die visuelle Orientierung und der Blickkontakt, den die Vp suchte.

In einem selbst entwickelten postexperimentellen Fragebogen wurden Aspekte der Versuchssituation überprüft und die Kenntnis experimentellen Kontingenzen sowie Aspekte der situativen Bedingungssetzung erfragt.

3. VERSUCHSPLAN

Aus den obigen Ausführungen ergibt sich das folgende grundlegende experimentelle Design:

TAB. 2 Experimentelles Design

	Faktor C:	neutrale Phase	soziale Sättigung
'kooperativer' stooge	Extraversion hoch	n = 15	15
	Extraversion niedrig	15	15
	Faktor A:		
'individueller' stooge	Extraversion hoch	15	15
	Extraversion niedrig	15	15

Bei dem 3-faktoriellen Plan besteht die Stichprobe bei gleichbesetzten Zellen (n = 15) insgesamt aus 120 Versuchspersonen. Neben den beiden experimentellen treatments Reaktionsform des Interaktions-Partners (Faktor A) und vorheriger sozialer Kontakt (Faktor B) ist durch die vorexperimentelle Medianhalbierung als dritter Faktor die Ausprägungshöhe der Extraversionstendenzen (C) über die AB-Bedingungskombinationen aufgemacht worden.

4. VERSUCHSBESCHREIBUNG

4.1 Versuchspersonen

Vpn waren 120 Jungen im Altersbereich von 10;5 bis 13:11 Jahren. Zum Zeitpunkt der Untersuchung waren die Schüler der je vier Parallelklassen des 5. und 6. Schuljahres einer Hauptschule in Mühlheim/Ruhr.

Die Teilnahme an dem Experiment stand aus Gründen der Gleichbehandlung allen Schülern dieser acht Klassen offen. Nachträglich wurden dann sowohl die ausländischen Schüler als auch die über 14 Jahre alten und für die Schulstufe überalterten Jugendlichen von der Datenauswertung ausgeschlossen. In bezug auf wesentliche biographische Merkmale wurde die Vpn-Stichprobe also weitgehend homogenisiert.

Die Teilnahme am Versuch war freiwillig. Die Bereitschaft zur Teilnahme war von Beginn bis zum Abschluß der Untersuchungen sehr groß. Dies wohl insbesondere aus zwei Gründen: Der Versuch fand während der Schulstunden statt und es war bekannt, daß es kein Leistungstest im schulischen Sinne war.

4.2 Versuchsleiter

Um den Anforderungen der Untersuchungsanordnung genüge zu tun, wurde ein Team von vier Versuchsleitern (3 Studenten und der Referent) gebildet.

4.3 Zeit / Ort

Die Hauptversuche wurden in der Zeit vom 13.5.1975 bis 21.6.1975 in der Hauptschule Frühlingsstraße in Mühlheim/Ruhr durchgeführt und fanden während der regulären Schulzeit der Kinder an allen Wochentagen in der Zeit von 8.oo Uhr bis 13.15 Uhr statt.

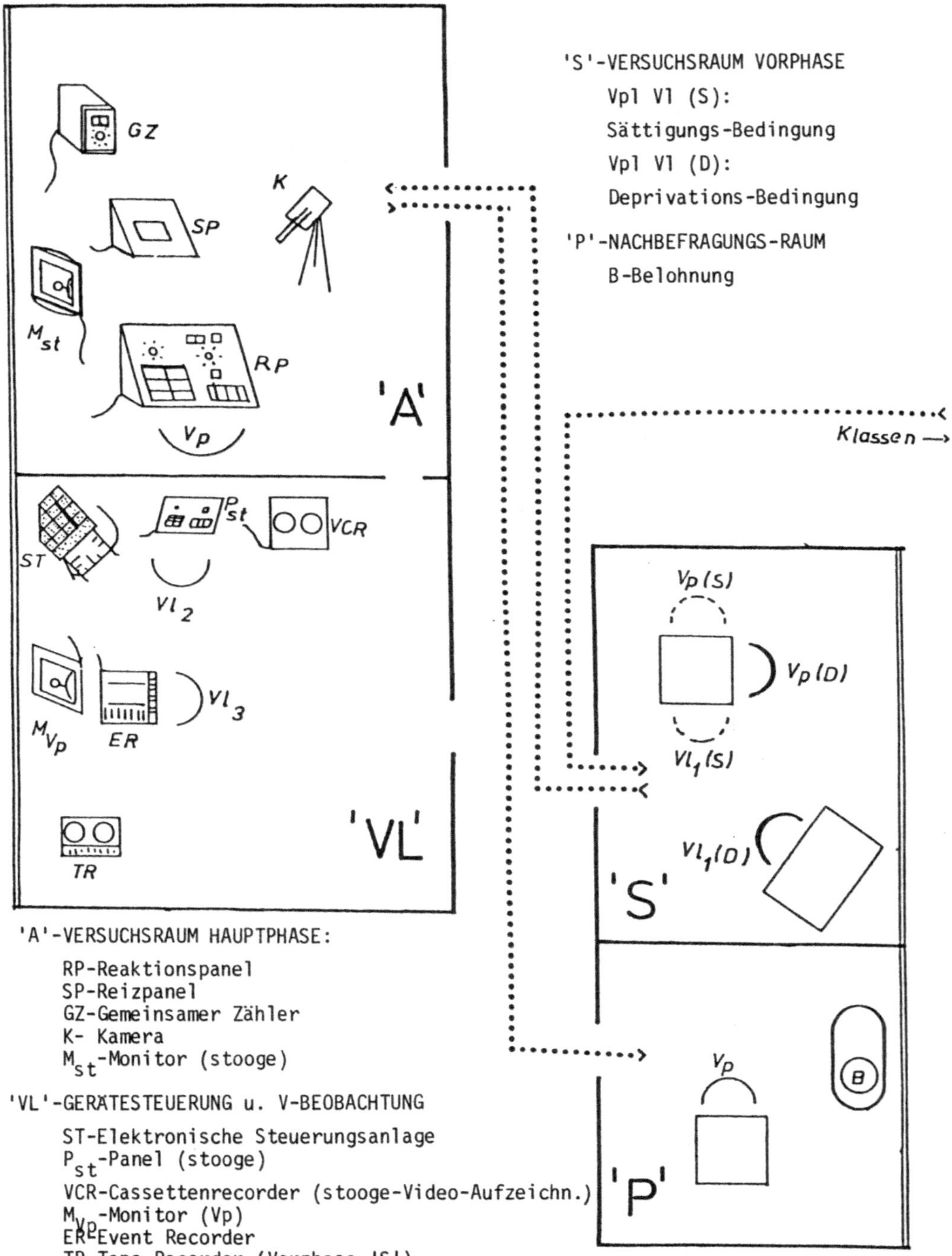

'S'-VERSUCHSRAUM VORPHASE
- Vpl Vl (S): Sättigungs-Bedingung
- Vpl Vl (D): Deprivations-Bedingung

'P'-NACHBEFRAGUNGS-RAUM
- B-Belohnung

'A'-VERSUCHSRAUM HAUPTPHASE:
- RP-Reaktionspanel
- SP-Reizpanel
- GZ-Gemeinsamer Zähler
- K- Kamera
- M_{st}-Monitor (stooge)

'VL'-GERÄTESTEUERUNG u. V-BEOBACHTUNG
- ST-Elektronische Steuerungsanlage
- P_{st}-Panel (stooge)
- VCR-Cassettenrecorder (stooge-Video-Aufzeichn.)
- M_{Vp}-Monitor (Vp)
- ER-Event Recorder
- TR-Tape Recorder (Vorphase 'S')

Abb. 1:

In Abb. 1 sind die Versuchsräume und die apparative Anordnung in den einzelnen Räumen dargestellt.

4.4 Versuchsablauf

4.4.1 Gesamtablauf

Nach der Durchführung der Vorversuche und deren Datenanalyse wurde entsprechend den so erhaltenen Ergebnissen die experimentelle Anordnung der Hauptversuche konzipiert.

Schülerinstruktion: (s. Anhang)

Auch die Schüler wurden darauf hingewiesen, daß mit ihrer Teilnahme am Versuch nicht ihr Leistungsvermögen, insbesondere das schulische, überprüft würde, sondern es darum gehe, mit Hilfe eines Gerätes ein Spiel zu machen. An dieser Stelle wurden die Vpn auch darauf hingewiesen, Schweigen über den Versuch zu wahren, um jedem die gleichen Ausgangsbedingungen zu ermöglichen. Bei weitergehenden Fragen wurde auf das spätere Experiment verwiesen.

Testauswertung und Erstellung des Bedingungsplanes:

Nach Auswertung des Persönlichkeitsmerkmales Extraversion über die HANES-Daten erfolgte eine Medianhalbierung der Vp-Stichprobe hinsichtlich dieses Merkmales. Innerhalb des Versuchsplanes wurde das 2 x 2-Design um die Bedingung 'hohe/niedrige Extraversion' in ein 3-faktorielles Design erweitert. Weiterhin wurde an dieser Stelle der endgültige Vp-Bedingungssetzungsplan fertiggestellt. Anhand der jetzt erstellten Vpn-Listen (N = 129) wurden die drei treatments-Variablen für jede Vp festgelegt. Da nur ein Jugendlicher durch Krankheit ausfiel, konnte nach Ausschluß der über 13:9-Jährigen eine gleiche Besetzung von n = 15 pro Zelle mit einem Gesamt-N = 120 erreicht werden.

In der TAB 3 sind noch einmal des besseren Überblicks über den komplexen Versuchsaufbau wegen alle Daten zusammen mit einer ausführlichen Beschreibung der Bedingungsinduktion und der Vpn-Aufgabenstellung aufgeführt.

TAB 3: Schematische Darstellung des Versuchsablaufs für eine Vp

Zeit kum. (min.)	Dauer (min.)	Ablauf	Verfahren und Bedingungsinduktion	Ort	Datenaufzeichnung
0	3	Vorbefragung	Präexperimentelle Befragung zur Groberfassung der Ausgangssituation der Vp auf dem Weg zum Versuchsraum	Weg	schriftl. Protokoll
3	20	Vorphase: Soziale Verstärkung	Induktion der treatments Deprivation: 4malige verbale Äußerung des Vl 1 bzw. Sättigung: intensiver verbaler pos. bekräftigender Kontakt mit Vp	S-Raum	Tonband-Aufzeichnung
23	40 (max.) 4 (max.)	Hauptphase: Instruktion/Einübung	Vorgabe der Instruktion zum Kooperationsapparat und Einübungsphase (5 Spieldurchgänge) durch Vl 4	A-Raum	
	35 (max.)	Spielablauf	Bedingungsinduktion 'stooge': Vp spielt 80 Durchgänge mit 'kooperativem' Partner: koop. Spiel im Verhältnis 2 : 1 Währenddessen: Verhaltensbeobachtung über Monitor: Blickkontakt und positive vs. negative Zuwendung		Automatische Datenaufzeichnung auf Event-Recorder manuelle Aufzeichnung auf Event-Recorder
ca. 63	10 (max.)	Nachbefragung	Fragebogen zur Überprüfung der experimentellen Anordnung und Bedingungssetzung; Belohnng.	P-Raum	Fragebogen

4.4.2 Spielablauf

Der Verlauf einer Aufgabeneinheit und die einzelnen Wahl- und Handlungserfordernisse, die die Versuchsperson zu leisten hatte, sind in dem Verlaufsdiagramm (TAB: 4) noch einmal dargestellt.

TAB 4: Spielverlauf für die Vp

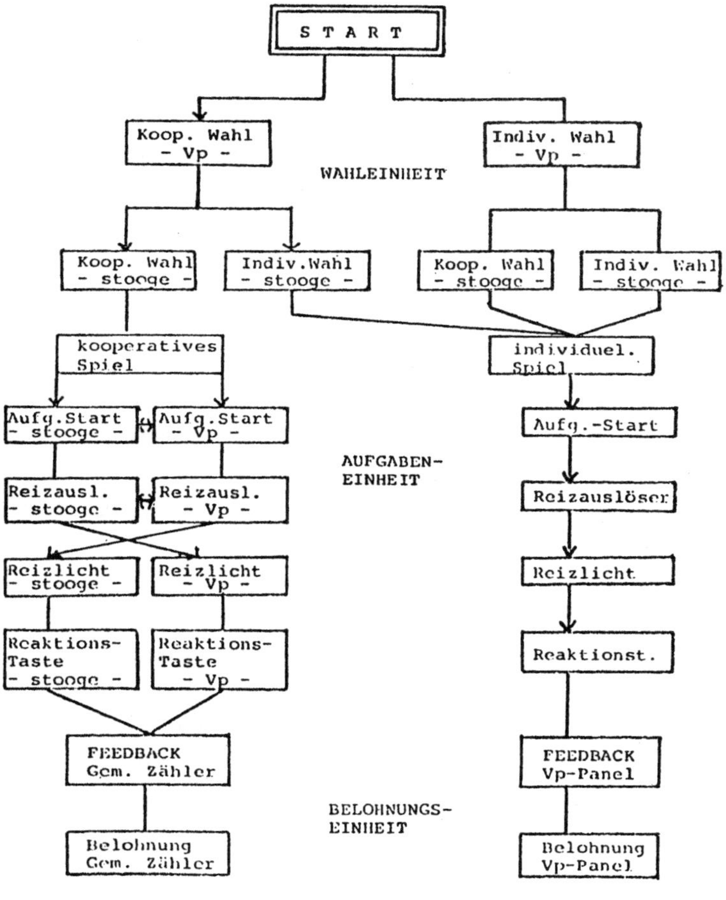

5. UNTERSUCHUNGSHYPOTHESEN

Um eine Analyse der sozialen Gegebenheiten des Kooperationsgeschehens zu leisten, wurden kooperative Aufgabenstellung und experimentelle Bedingungsinduktion so gewählt, daß der Hauptgesichtspunkt auf der Erfassung sozial-situativer Einflüsse lag.

Da experimentelle Fragestellungen zum Bereich kooperativen Verhaltens bei Kindern bisher im wesentlichen Erlernen und Extinktion desselben unter verschiedenen vom Experimentator vergebenen Belohnungskontingenzen angegangen sind, oder aber in einem entwicklungspsychologischen Ansatz Unterschiede biographischer und demographischer Merkmalsbereiche zu erfassen versucht haben, liegen Befunde, aus denen explizit weiterführende Hypothesen für den hier interessierenden Fragenkomplex ableitbar wären, nicht vor. Die in Definitionen der Kooperation enthaltenen Aspekte der sozialen Reiz- und Verstärkungsgegebenheiten der Partner-Reaktionen (ausgehend von dyadischen Interaktionen als minimaler Komplexitäts-Einheit) und deren Dependenzen werden in der Regel impliziert, sind aber in experimentellen Anordnungen bisher nicht isoliert worden, was wohl insbesondere in den multifaktorellen und auch multiplikativen Mechanismen und ihrer erschwerten Differenzierung und Isolierung (vgl. auch LINDSLEY, 1963) begründet liegt.

Der Nachweis solcher sozialer Interaktionseffekte soll in der hier vorgestellten Versuchsanordnung realisiert werden. Hierbei ist zunächst ein erstes Untersuchungsziel - da es sich weitgehend um eine Erkundungsstudie sozial-situativer Einflüsse in einer komplexen Interaktion handelt - der Nachweis der Wirksamkeit sozialer Einflußgrößen.

Daraus resultierend lassen sich dann über die Richtung der Effekte Aussagen treffen.

Aus dem oben dargestellten Versuchsplan ergeben sich als grundlegende Untersuchungsansätze:

1. Resultiert eine unmittelbar vorhergehende Manipulation sozialer Reizgegebenheiten in einer Veränderung der Ansprechbarkeit für die Interaktion und ihre sozialen Aspekte?
2. Inwieweit ist die Form des Partnerverhaltens bestimmend für die Bereitschaft zu kooperativem Verhalten?
3. Welchen Einfluß haben dispositionelle Persönlichkeitscharakteristika innerhalb einer sozialen Interaktion wie der des Kooperationsprozesses?

Treten die in diesen drei Bereichen hypothetisierten Einflüsse auf, so ist aufgrund der experimentellen Bedingungsinduktion die folgende Konkretisierung der Untersuchungshypothesen für die differenten abhängigen Verhaltensmaße zu formulieren:

1. Die Bereitschaft zu kooperativem Verhalten (Reaktionsanzahl kooperativer Wahlen) wird unmittelbar beeinflußt durch
   a) Veränderungen der sozialen Dependenzen in einer Interaktion, die sich in überwiegend kooperativen bzw. nicht-kooperativen Verhaltensstrategien eines Interaktions-Partners abbilden.

      Begründung: Wirkt das (kooperative) Verhalten in einer Interaktion als diskriminativer Reiz für den anderen Mitspieler, wie dies in der Definition des Kooperationsprozesses vorausgesetzt wird, so wird die Auftretenswahrscheinlichkeit des entsprechenden interaktiven Partnerverhaltens hierdurch grundlegend beeinflußt. Die Direktionalität dieses Effektes wird in Abhängigkeit von den lerntheoretischen Grundprinzipien sozialer Verstärkungsprozesse bestimmt und tritt im vorliegenden Design aufgrund der fehlenden materiellen Kontingenz-Unterschiede zwischen kooperativem und nicht-kooperativem Handeln als positive Verstärkung durch die kooperativen Wahlen auf.

b) Manipulationen vorangegangener sozialer Situationen, deren Bestimmung über eine Modifikation des Vorhandenseins sozialer Bezüge und Bekräftigungswerte erfolgt ist.

Begründung: Der sogenannte Stimulations-Effekt (s. die Ausführungen Kap. C/3), nämlich das Aufsuchen bzw. Meiden von Situationen, die soziale Komponenten enthalten und die modifizierte Wirksamkeit der in der Interaktion gegebenen sozialen Verstärkungsmechanismen, zeigt sich entsprechend in einer kooperativen Interaktion. Die Art unmittelbar vorangegangener sozialer Erfahrungsinhalte beeinflußt die Tendenz, sich sozial (kooperativ) oder nicht-sozial (individuell) zu verhalten. Die Richtung dieser Wirkgröße wird bestimmt durch den Sättigungsgrad an sozialen Beziehungen und einer entsprechenden Generalisation auf die experimentelle Interaktion.

c) Neben den innerhalb der Bedingungskombination möglichen Wechselwirkungen zwischen den präexperimentellen und experimentellen sozialen Stimulusgegebenheiten, ist eine Interaktion der dichotomisierten habituellen Variable Extraversion (vgl. EDWARDS, S. 258 ff) mit den experimentellen Bedingungen zu postulieren. Erwartet wird generell eine höhere Bereitschaft zu sozialen Kontakten bei der als stärker extravertiert eingestuften Unterstichprobe im Gegensatz zur Stichprobe mit den geringeren Extraversionstendenzen. Da eine Zuschreibung möglicher Effekte aufgrund der korrelativen Zusammenhänge dieses Persönlichkeitsmerkmales mit anderen nicht möglich ist und keine Randomisierung dieser Variablen vorgenommen wurde, übernimmt neben den anderen Kovariablen diese Merkmalsdimension eher eine Kontrollfunktion.

2. Für die einzelne Reaktionsantwort (Abfolge der stooge/Versuchsperson-Wahl-Kombination) werden ähnliche Effekte wie für 1) postuliert. Mit Hilfe dieser abhängigen Variablen ist jedoch ein exaktes Maß für den unmittelbaren Einfluß des Partner-Strategie-Verhaltens gegeben.

3. Die Oberprüfung der emotionalen Zuwendung innerhalb der experimentellen Interaktion wird in einer hauptsächlichen Beeinflussung durch den Situationsfaktor Partnerverhalten resultieren. Positive emotionale Zuwendungen werden (in Abhängigkeit vom Versuchsabschnitt) bei kooperativem Partner-Verhalten, negative bei individuellem, als ablehnend eingestuften Partnerverhalten hypothesiert.

4. Bei der visuellen Kontaktaufnahme werden Einflüsse des vorangegangenen sozialen Kontaktes hypostasiert, und zwar in Abhängigkeit vom Vorhandensein und Nichtvorhandensein von sozialen Reizbedingungen.

6. DATENAUSWERTUNG

Die statistischen Oberprüfungen der Hypothesen hat gemäß der Versuchsanordnung in einem multifaktoriellen Versuchsplan zu erfolgen. Die Wirkungen der jeweils in zwei Bedingungsklassen (effective levels) vorliegenden unabhängigen Variablen sowie deren Interaktionen sind mit Hilfe einer 2^3-faktoriellen Varianzanalyse auszuwerten (WINER, 1962, Modell I, S. 162 ff; EDWARDS, 1968, S. 200 ff).

Die Durchführung von geplanten entsprechenden Konvarianzanalysen zur Kontrolle der Variabilität aufgrund der vor dem Experiment erfaßten Persönlichkeitsmerkmale entfiel, da eine Oberprüfung der Voraussetzungen zur Durchführung der KoVA nicht die notwendige Homogenität der Regressionen erbrachte.

Die gegebenen abhängigen Variablen wurden alle nach Oberprüfung auf Varianzhomogenität über das Grundschema der drei-faktoriellen Varianzanalyse erfaßt. In entsprechenden Post-Tests wurden dann Mittelwertsvergleiche durchgeführt. Einer sich ergebenden nicht gelungenen Randomisierung der Vpn zu den Sub-Stichproben hinsichtlich eines Persönlichkeitsmerkmales , von dem eine Konkomitanz mit einer treatment-Klasse vermutet werden konnte, wurde durch nachträglich reduzierte Merkmals-Blockbildung Rechnung getragen.

E. ERGEBNISSE

Im folgenden werden die Auswertungsergebnisse getrennt nach den einzelnen Variablenbereichen darzustellen und zu betrachten sein. Hierbei erscheint es notwendig, um den Zusammenhang zu wahren, sowohl verschiedene Auswertungsgesichtspunkte mit-einzubeziehen als auch bereits eine kurze inhaltliche Besprechung der Ergebnisse hinzuzufügen, ungeachtet der im nächsten Kapitel erfolgenden Ergebnis-Diskussion, die sich auf einen übergreifenden Referenz-Rahmen bezieht.

Die Besprechung und Beschreibung der Ergebnisse wird in folgender Reihenfolge geschehen:

Nach Darstellung der Stichproben-Kennwerte und ihres Vergleichs werden die einzelnen im Rahmen der Untersuchung erfaßten Datensätze getrennt für situative Verhaltensmaße, interpersonelle Interaktions-Charakteristika und Oberprüfung des subjektiven Erlebnisgehaltes innerhalb der experimentellen Anordnung aufzulisten sein.

1. ZUSAMMENSETZUNG DER STICHPROBE

Die randomisierte Zuordnung der Versuchspersonen zu den experimentellen Bedingungen wurde nach erfolgter Medianhalbierung auf dem Faktor Extraversion durchgeführt. Zur direkten Kontrolle der experimentellen Fehler-Variabilität waren die Versuchspersonen als gesamte Gruppe relativ homogen hinsichtlich wesentlicher demographischer und biologischer Unterschiede ausgewählt worden. Sowohl die ausgewählte Altersgruppe als auch die Schulart und die beiden Klassenstufen, als auch die unmittelbaren Voraussetzungen zum Experiment wurden so festgelegt, daß sie auf einen geringen Variationsspielraum eingeschränkt waren, da Aussagen über diese Merkmalskomplexe nicht Ziel der Untersuchung waren.

Weiterhin wurden zur postexperimentellen Oberprüfung und späteren statischen Kontrolle verschiedene als wesentlich erachtete Persönlichkeitsdaten erfaßt und ausgewertet.

Ein nach entsprechenden Varianzanalysen durchgeführter Vergleich der Varianzen und und Mittelwerte der einzelnen Bedingungs-Klassen ergab wenige heterogene Stichprobenbesetzungen. Da, wie bereits im letzten Kapitel erwähnt, eine Korrektur der Werte der abhängigen Variablen über diese Kovariablen nicht möglich war, da die Voraussetzungen zur Durchführung einer Kovarianzanalyse (Linearität und Homogenität der Regressionen) nicht gegeben war, wurden bis auf eine Variable Abweichungen in bezug auf den Randomisierungsgesichtspunkt in Kauf genommen.

Im folgenden sollen die einzelnen Kovariablen und ihre Effekte noch einmal betrachtet und zusammengefaßt dargestellt werden. (Unterschiede, die sich aus dem Faktor 'Ausprägung der Extraversion' ergeben, werden aufgrund der Vielzahl der möglichen Interkorellationen der Persönlichkeitsvariablen unbeachtet gelassen.).

Die Erfassung der sozialen Motivierungen über den SMT von JÜRGER (1969), aus 6 plus 2 Zusatzskalen bestehendes Verfahren, das in seiner Konzeption und aufgrund der relativ niedrigen Testgütekriterien nur Anregungen in Richtung auf die Ursache sozialer Motivierung geben soll, zeigt in zwei Subskalen Mittelwertunterschiede, und zwar in der Höhe der Gruppenorientierung und der Sympathie-Motivations-Ausprägung.

Hinsichtlich der neurotischen Tendenzen und dem Grad sozialer Erwünschtheit bestehen keine Unterschiede zwischen den Zellenmittelwerten. Ebenfalls ohne wesentliche Differenzen in der Stichprobenzusammensetzung ist die Ausprägung internaler und externaler Bekräftigungsüberzeugungen.

Die unterschiedlichen Aspekte des Konstruktes 'Angst', die mit Hilfe des AFS erhoben wurden, zeigen keine Gruppendifferenzen zwischen den Mittelwerten bei der manifesten Angst-Skala.
Der signifikante Unterschied zwischen den beiden Bedingungsklassen des Faktors 'vorheriger sozialer Kontakt' über dem Merkmal 'Prüfungsangst', also einer Erfassung situationsspezifischer Ängstlichkeit

läßt aufgrund einer möglichen Kontamination der beiden Variablenbereiche eine Beeinflussung nicht ausschließen.

Auf eine Möglichkeit, diese Effekte auszuschließen bzw. zumindest postexperimentell zu kontrollieren, obgleich eine kovarianzanalytische Kontrolle nicht möglich ist, wird in einem späteren Abschnitt noch einzugehen sein.

2. KOOPERATIVES VERHALTEN

2.1 Verhaltensmaß

Hauptziel der Untersuchung war die Bedingungsanalyse kooperativen Verhaltens. Eine in der Literatur immer wiederkehrende Diskussion ist die über Definition, Adäquatheit und Zuverlässigkeit von interpersonellen, kooperativen Verhaltens-Maß-Bestimmungen. In der Regel ist die Gesamtzahl der über einen längeren Zeitraum im Vergleich zu alternativen oder auch im Sinne der Fragestellung falschen Reaktionen gewählten und/oder erfolgten kooperativen Reaktionen verwandt worden. Auf die mögliche mangelnde Validität dieses Maßes als Datum für den operanten Lernfortschritt wies VOGLER (1968) hin. Die inhaltliche Bedeutung einer solchen Maßzahl ergibt sich als Bereitschaft zu kooperativem Handeln bzw. als kooperatives Handeln selbst. Dem generellen Anspruch über dieses Summen-Maß das Verhalten zu repräsentieren, welches vermutlich mehrdimensional und in starker zeitlicher Abhängigkeit variiert, ist nur dann stattzugeben, wenn eine Splittung in kleine Verhaltensabschnitte und damit eine Annäherung an Alltagsgegebenheiten erfolgt.

Demzufolge ist die Maßeinheit "Anzahl der kooperativen Reaktionen" Ausdruck einer generellen Tendenz, sich über einen gegebenen Zeitraum in einer spezifischen Form interaktiv zu verhalten. Dem allgemeinen Argument, daß über einen längeren Zeitraum erfaßte Verhaltensweisen eine stabilere Abbildung spezieller Verhaltensmuster darstellen, ist in diesem Fall der Hinweis auf die Situations- und prozedurale Spezifität des kooperativen Aktes entgegenzuhalten. Es sollte ja hier kein Ausmaß der Kooperativität (vgl. zu einem solchen Ansatz und seiner Methodik die Untersuchungen von HÄMMERLE und MOOSBRUGGER, 1974) erfaßt werden, sondern eine Differenzierung der Bestimmungsgrößen, die in einen interpersonellen Akt einfließen und somit von Interaktion zu Interaktion in ihrer Wirkung variieren können, vorgenommen werden.

Aus dieser Begründung ergab sich, in Abhängigkeit auch von den metrischen Eigenschaften der Maßzahlen, neben einem 'einfachen' Maß der kooperativen Reaktionsmöglichkeit, ein komplexeres und auf die Fragestellung nach der Analyse der interaktionellen Dependenzen exakter zugeschnittenes Maß zu verwenden.

Im folgenden werden nun zuerst die Ergebnisse hinsichtlich der abhängigen Variablen 'Anzahl kooperativer Reaktionen' und danach die Analyse mittels eines exakteren Verhaltens-Maßes darzustellen sein.

2.2 Kooperative Wahlen

Auf der Grundlage des dreifaktorellen Planes (Faktor A: Partnerverhalten, Faktor B: vorheriger sozialer Kontakt, Faktor C: Extraversion) wurde die abhängige Variable 'kooperative Wahlen' in vier plus einer Ausprägung erfaßt. Aus den im vorigen Abschnitt erwähnten Gründen wurden die insgesamt 80 Versuchsdurchgänge (= 80 Vpn-Wahlen) in Durchgangsblöcke à 20 Reaktionen eingeteilt. Dies war insbesondere deshalb möglich, weil eine Gleichverteilung der kooperativen zu individuellen stooge-Reaktionen (Faktor A) über diese 4 x 20-Blöcke gegeben war.

Mit der Anzahl summiert über alle Versuchsdurchgänge (Reaktionen 1 - 80) wurden insgesamt fünf Varianzanalysen ausgewertet. In der Abb. 5 sind getrennt für die acht Bedingungskombinationen die einzelnen Zellenmittelwerte über die vier Versuchsblöcke (Reaktionen: 1 - 20; 21 - 40; 41 - 60; 61 - 80) dargestellt und die Stichprobenmittelwerte.

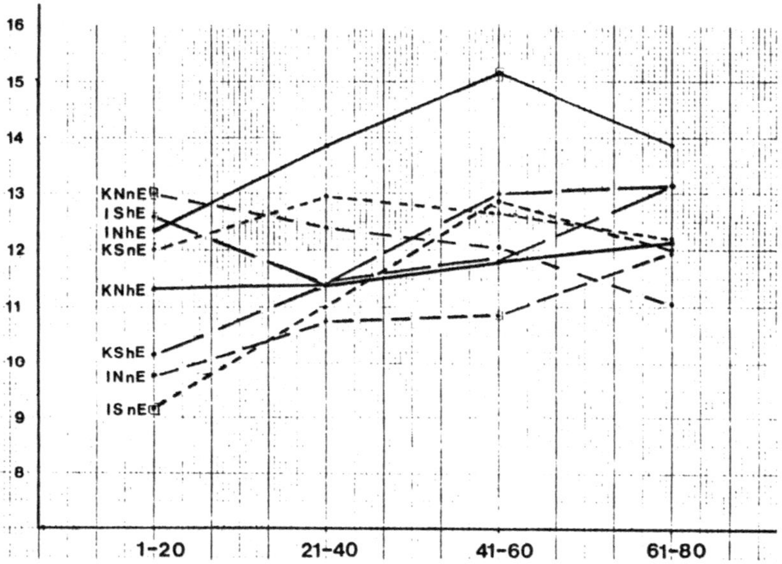

Abb. 2: Mittelwerte der kooperativen Wahlen der einzelnen Bedingungskombinationen über die Versuchsblöcke.

Es wurde folgende Nomenklatur verwendet, die auch weiterhin beibehalten wird:

Der Faktor 'Partnerverhalten' mit seinen zwei Stufen K (Kooperativer Partner) und I (Individueller Partner), der Faktor 'vorheriger sozialer Kontakt', eingeteilt in N (Neutrale Phase ohne Kontakt) und S (Phase mit intensivem Sozialkontakt) und der Faktor nE (Extraversionstendenzen niedrig) und hE (Extraversionstendenzen hoch).

Es ergaben sich bei dem relativ unspezifischen Maß der Gesamtanzahl kooperativer Wahlen über alle Versuchsdurchgänge keine Haupteffekte der Bedingungen und eine Wechselwirkung zwischen den fixierten Stufen des Faktors Partnerverhalten und der Ausprägung der Extraversionstendenzen (p 0,1). Eine Aufteilung in vier Versuchsblöcke und die entsprechend durchgeführten vier multifaktoriellen Varianzanalysen zeigten ebenfalls diesen Interaktionseffekt neben fehlenden Haupteffekten in den experimentellen Bedingungen.
Die Partnerverhalten/Extraversion-Interaktion beschränkt sich jedoch auf die ersten Versuchsblöcke und verschwindet gegen Ende des Versuchs in den letzten Durchgängen.

Eine genaue Analyse dieser Wechselwirkung zeigt sich in den folgenden graphischen Darstellungen.
In Abb. 6 sind die über die Stufen des ineffektiven Faktors B (Vorheriger Kontakt) kombinierten Mittelwerte der vier AC-Gruppen dargestellt.

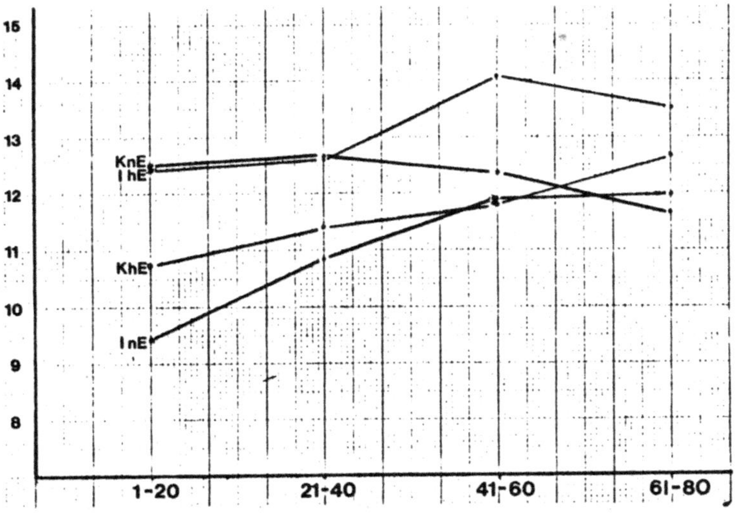

Abb. 3: Mittelwerte der Bedingungsklassen Partnerverhalten/Extraversion über die Versuchsblöcke.

Die Wirkung der experimentellen Bedingung 'Partnerverhalten', modifiziert durch die Extraversionsausprägung, wird in den weiterhin abgebildeten Graphen verdeutlicht.

Versuchsblock 1 - 80:

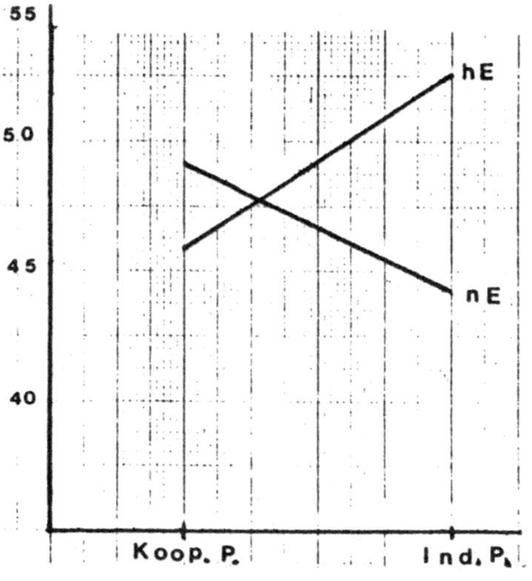

Versuchsblock 1 - 20:

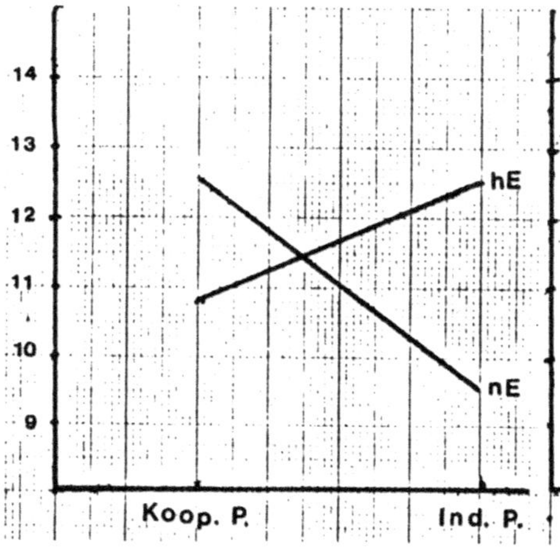

Versuchsblock 21 - 40:

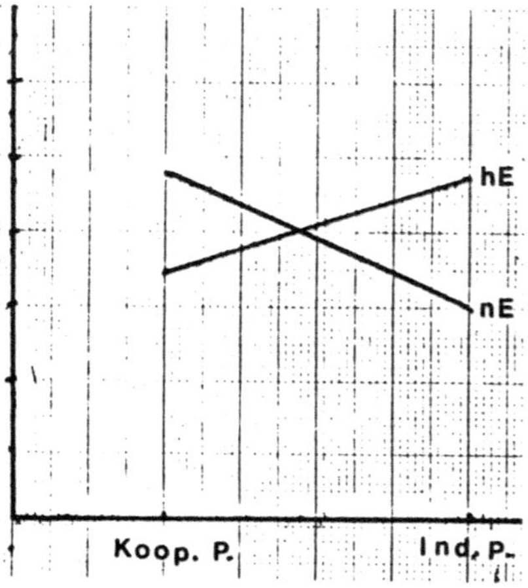

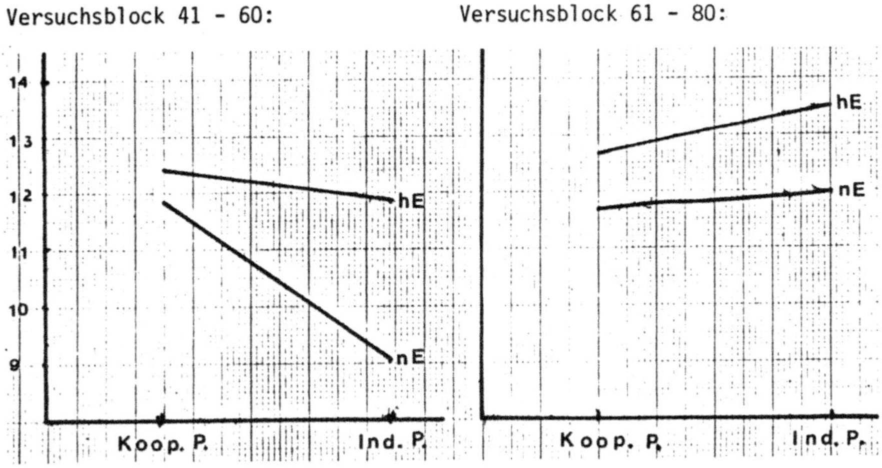

Abb. 4: Mittelwerte der Gruppen mit niedriger und hoher Extraversionsausprägung für die zwei Stufen der experimentellen Bedingung 'Partnerverhalten', kooperativer und individueller Partner.

Dieses Ergebnis entspricht insofern den Hypothesen, als von der Persönlichkeitsdimension Moderatoreffekte auf die experimentellen Bedingungen erwartet wurden.

Bei den vier Bedingungskombinationen bestehen auf dem 1 %-Niveau signifikante Mittelwertsunterschiede der so gekennzeichneten Stufen.

Sehen wir uns den Effekt der Wechselwirkung an, so ergibt sich folgendes:

Bei der Bedingung 'nonkooperatives individuelles Partnerverhalten' reagieren die Versuchspersonen mit den hoch ausgeprägten Extraversionstendenzen häufiger kooperativ (d.h. sie wählen öfter das kooperative Spiel) als die Gruppe mit den niedrigeren Ausprägungen ($p = 0{,}01$), die erwartungsgemäß die niedrigsten Werte zeigt.

Zwischen dem kooperativen und individuellen Spielpartner bestehen nur Unterschiede, wenn es sich um Gruppierungen mit eher introvertierten Kindern handelt, hier wirkt der kooperative Partner als positive Verstärkung im Gegensatz zu dem individuellen, der aufgrund seiner interaktionsablehnenden Haltung die sowieso zu weniger Sozialkontakt Neigenden in ihren Tendenzen bestärkt.

Der bei Fehlen von Differenzen zwischen den Belohnungskontingenzen für kooperatives und individuelles Handeln gegebene Partnerverhalten-Einfluß kann also nicht unidirektional interpretiert werden.

2.3 Obereinstimmung und Abfolge

Die im Abschnitt 2.1 erwähnten Bedenken einem generellen Summenmaß als Ausdruck komplexer interaktioneller Abläufe gegenüber, führen zur Oberlegung, welches andere exaktere Maß das interpersonelle Geschehen möglichst repräsentativ abbilden könnte.

Analog den in den spieltheoretischen Anordnungen verwendeten Kriterien (vgl. z.B. BAUER und KRIVOHLAVY, 1974), die sich jedoch auf komplexe Belohnungsdifferenzen zwischen den einzelnen Entscheidungen beziehen, ist ein kritisches Maß für die während eines einzelnen Interaktionsgeschehens gegebenen Dependenzen zu bilden. Für die Darstellung des in der experimentellen Anordnung gegebenen interpersonellen Ablaufgeschehens gibt es zwar einige generelle Grundmuster, jedoch ist das Kriterium 'Kooperation der Vp' multivariat abhängig von

1. dem zeitlichen Ablauf und daraufhin gemachten und sich verändernden Lernerfahrungen und
2. der pro Verhaltenseinheit vorgegebenen Bedingungsvariablen des Partnerverhaltens.

Aus diesen Oberlegungen heraus und unter der Zielsetzung der genauen Erfassung der interaktionellen Dependenzen wurde als grundlegendes Kriterium die Art der Reaktion der Vp auf eine vorgegebene tooge-Reaktion erfaßt. Hierbei handelt es sich um die nach einem erfolgten

Versuchsdurchgang mit unabhängig voneinander zustandekommenden Wahlen von Vp und stooge gewählte Reaktion der Vp. Insgesamt sind also vier Abfolgen möglich:

1. Kooperative Wahl des stooge - nächste Vp-Wahl kooperativ (= KK)
2. Individuelle stooge-Wahl - nächste Vp-Wahl individuell (= II)
3. Kooperative stooge-Wahl - nächste Vp-Wahl individuell (=KI)
4. Individuelle stooge-Wahl - nächste Vp-Wahl kooperativ (= IK)

Da ein Aspekt dieser Kriterien, nämlich die stooge-Wahl, als experimentelle Bedingung in ihrer Auftretenswahrscheinlichkeit fixiert ist, hat ein Koeffizient als Maß für die unterschiedlichen Sequenzen dies einzubeziehen. Dieses berücksichtigend, wurde ein Übereinstimmungskoeffizient gewählt, der in Anlehnung an die X^2-Verteilung mit einem Freiheitsgrad assymptotisch normalverteilt ist (vgl. hierzu die Ausführungen von KRAUTH in KRAUTH und LIENERT, 1973, S. 89 ff), und das Auftreten von Übereinstimmungen (KK- und II-Reaktionen) und Nicht-Übereinstimmungen (KI- und IK-Reaktionen) bezogen auf ihre erwartete Häufigkeit innerhalb einer Vierfelder-Verteilung erfaßt.

Der Koeffizient basiert auf der folgenden Nomenklatur:

		Vp-Wahl koop.	Vp-Wahl indiv.	
stooge-Wahl	Koop.	f_{KK}	f_{KI}	$f_{K.}$
	Indiv.	f_{IK}	f_{II}	$f_{I.}$
		$f_{.K}$	$f_{.I}$	$f_{..}$

Er lautet:

$$u = \frac{f_{kk} - \dfrac{f_{K.} \cdot f_{.K}}{f_{..}}}{\sqrt{\dfrac{f_{K.} \cdot f_{.K}}{f_{..}} \quad \dfrac{f_{I.} \cdot f_{.I}}{f_{..}} \quad \dfrac{1}{n-1}}} \quad \text{für } N\ (0,1)$$

Der Koeffizient wird bei maximaler Übereinstimmung hoch positiv, bei minimaler Übereinstimmung, d.h. identischer Reaktionsantwort hoch negativ. Im vorgegebenen Falle kann der Koeffizient im Bereich von ca. -8,0 bis +8,0 liegen. Sowohl Gleichverteilungen über alle vier Felder als auch einseitige Vp-Reaktionstendenzen (überwiegend kooperatives oder non-kooperatives Spiel) ergeben Werte um 0.

Dieser Koeffizient wurde analog der Gesamtanzahl kooperativer Wahlen über den gesamten Versuchsablauf (1 - 79) und zur genaueren Analyse über die einzelnen 20iger Versuchsblöcke errechnet.

Zur anschaulichen Darstellung sind in der folgenden Abbildung die Mittelwerte der einzelnen Bedingungskombinationen zu sehen.

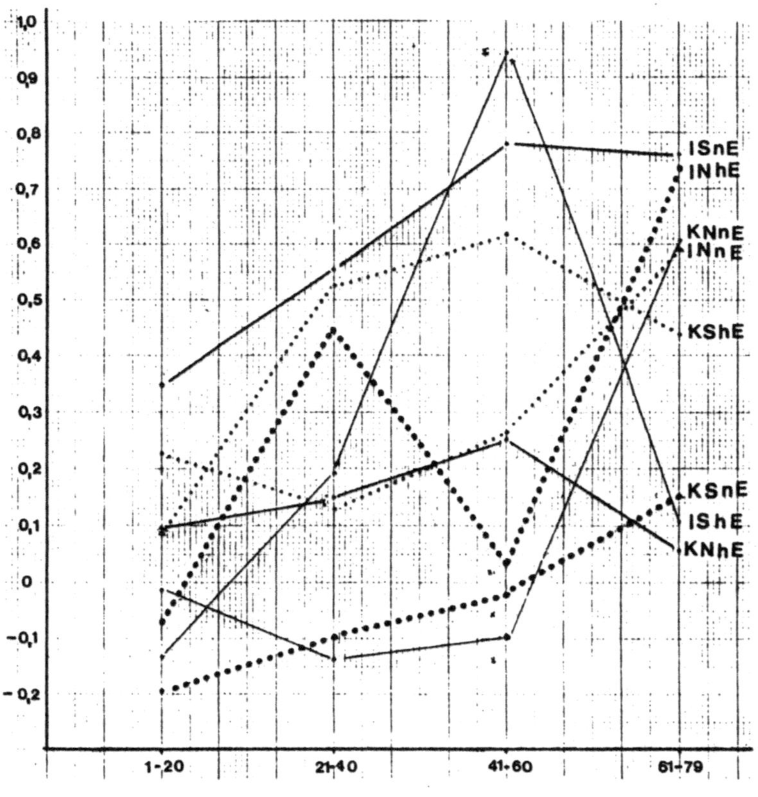

Abb. 5: Mittelwerte der Übereinstimmungskoeffizienten über die einzelnen Versuchsblöcke für die acht Bedingungskombinationen.

Die durchgeführten 3-faktoriellen Varianzanalysen ergaben keine signifikanten Effekte für die Versuchsblöcke 1 - 20 und 21 - 40, für den Block 41 - 60 einen signifikanten Haupteffekt für den Faktor 'vorheriger sozialer Kontakt' (p = 0,014) und einen tendenziellen Haupteffekt des Faktors 'Partnerverhalten' (p 0,1). Im letzten Block 61 - 79 ergab sich eine Wechselwirkung zwischen allen drei experimentellen Bedingungen (p = 0,02).

In der folgenden Abbildung sind zur Veranschaulichung dieser Effekte die mittleren Übereinstimmungskoeffizienten für alle drei Bedingungsklassen dargestellt. Die Werte gelten pro Bedingungsklasse für ein n = 60 und pro Bedingung für ein N = 120, es sind also jeweils nur pro Bedingung Vergleiche zwischen den beiden Klassen zu machen.

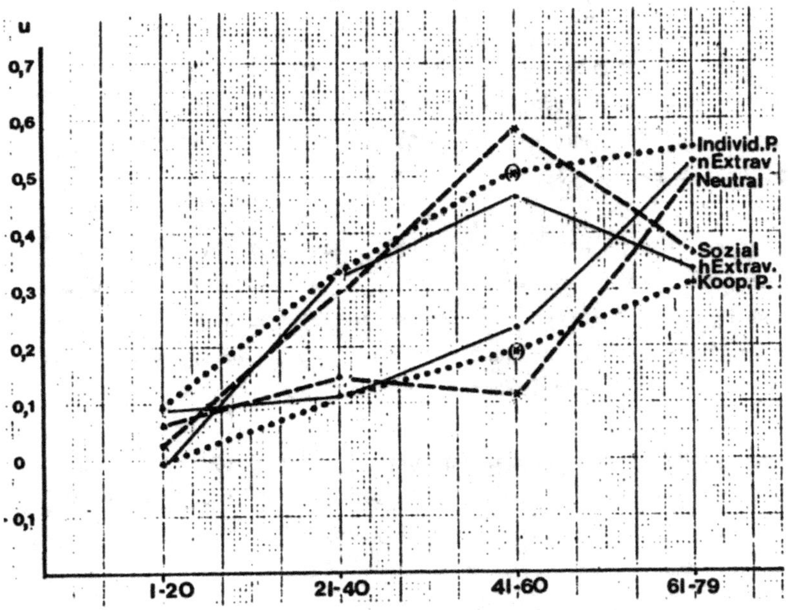

Abb. 6: Mittlere Übereinstimmungskoeffizienten über die drei Bedingungen mit ihren jeweils zwei Stufen.

Aus der Abbildung ist ersichtlich, daß im Versuchsblock 41 - 60 die Vpn, die vor dem Experiment einen intensiven sozialen Kontakt mit einem Erwachsenen erfahren haben, signifikant öfter dazu neigen, das vom Spielpartner vorgegebene Wahlverhalten aufzunehmen, d.h. auf eine Partner-Wahl mit der gleichen Reaktionsalternative zu antworten, ein Gegensatz zu den Vpn, die eine neutrale soziale Situation erlebt haben.
Die Richtung des Haupteffektes 'Vorheriger Kontakt' widerspricht den in den Hypothesen geäußerten Wirkungsrichtungen. Offensichtlich handelt es sich hier nicht um einen sogenannten Sättigungseffekt, bei dem eine nur minimale Einflußnahme durch den Spielpartner und sein Verhalten zu erwarten gewesen wäre. Vielmehr läßt der direkt reziproke Effekt auf einen Generalisationseffekt schließen, und zwar im Sinne einer Übertragung des vorher erfahrenen Zustimmungs- und Bekräftigungsverhaltens auf die Versuchssituation.

Die Vpn, die einen individuellen Spielpartner hatten, zeigten ebenfalls im Versuchsblock 41 - 60 eher Tendenzen, mit dem Partner reaktionsmäßig übereinzustimmen, als die Vpn, deren Spielpartner überwiegend kooperativ reagieren.

Dieser Effekt zeigt sich ebenfalls, wenn die varianzanalytische Auswertung über den gesamten Versuchsablauf (1 - 79) geschieht ($p < 0,1$). Hierbei handelt es sich offensichtlich um eine Steigerung des Anreiz-Wertes der Partner-Reaktionen, wenn der Partner sich überwiegend einem kooperativen Spiel gegenüber ablehnend verhält. So wirken die wenigen kooperativen Reaktionen des stooge in dem Sinne, daß sie intermittierend kooperative Reaktionen der Vp hervorrufen, gleichzeitig aber die längeren Sequenzen individuellen Verhaltens die Vp über den längeren Zeitraum zu dem gleichen Verhalten veranlassen.

Die sich über die Gesamtheit der Versuchsdurchgänge ergebende signifikante Interaktion zwischen Partner-Verhalten und Extraversions-Ausprägung ($p < 0,05$) erhellt den oben beschriebenen Haupteffekt und seine Struktur. Die Differenz in den Obereinstimmungskoeffizienten ist abhängig von der in diesem Fall niedrigeren Extraversions-Ausprägung, während sich bei der Gruppe mit hohen Extraversionswerten keine Unterschiede zwischen den zwei Stufen des Partnerverhaltens zeigen. Zur Veranschaulichung siehe Abbildung 10.

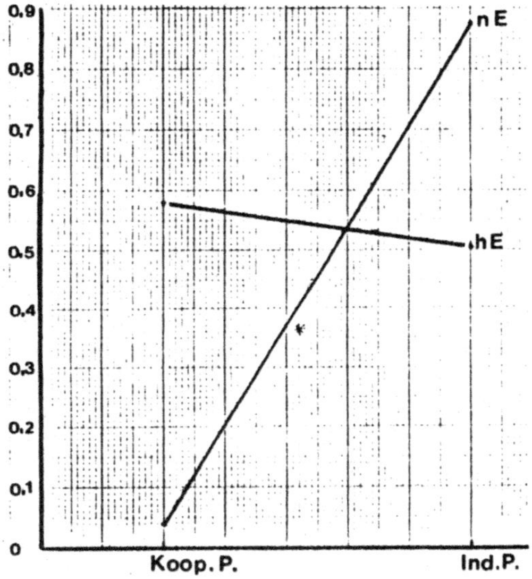

Abb. 7: Partnerverhalten/Extraversions-Interaktion der Obereinstimmungskoeffizienten über den Gesamtablauf (1 - 79).

Die gleichen Interaktionen bestehen ja bei der Gesamtanzahl kooperativer Wahlen, allerdings hinsichtlich der Extraversionsdimension mit umgekehrten Vorzeichen. Der hohe Obereinstimmungswert der Vpn mit geringeren Extraversionstendenzen beim individuell im Gegensatz zum kooperativ wählenden Spielpartner läßt auf eine größere Anpassungsbereitschaft unter der Gegebenheit eines interaktionsablehnenden und damit möglicherweise Macht und Unabhängigkeit repräsentierenden Partner schließen. In der Abbildung 11, die sich auf die dreifache Interaktion im letzten Versuchsblock (60 - 79) bezieht, zeigt sich, daß innerhalb dieser Versuchseinheit der oben erwähnte Effekt nur auf die Stufe 'Vorheriger neutraler Kontakt' dieses Faktors bezieht, eine Umkehrung aber bei der Versuchsgruppe, die intensiven sozialen Kontakt hatte, eintritt.

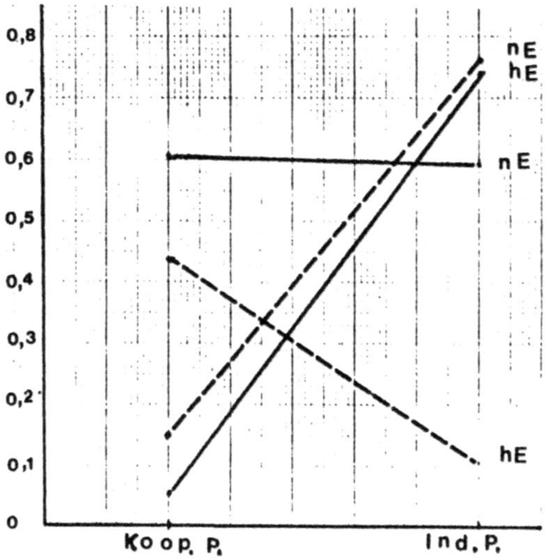

Abb. 8: Dreifache Interaktion der Übereinstimmungskoeffizienten zwischen den Bedingungen für den Versuchsblock 60 - 79.

2.4 Zusammenfassung

Die Ergebnisse der die Interaktionswahl betreffenden Meßwerte weisen als hauptsächliche Einflußgröße das Wahlverhalten des Partners aus. Die Wirkungsrichtung dieser Variable wird jedoch offensichtlich verändert durch in die Situation eingebrachte Persönlichkeitsmerkmale und ihren Ausprägungsgrad. Aufgrund der mit der Medianhalbierung auf dem Faktor Extraversion möglicherweise gleichzeitig erfolgten Dichotomisierung anderer mit der Extraversionsdimension korrelierender Merkmale sind bei einer Interpretation allzu exakte Abstrahierungen auf diese Persönlichkeitsvariable nicht möglich, da keine Randomisierung dieses Faktors vorliegt.

Bei der Anzahl kooperativer Wahlen zeigt sich, daß sich der oben erwähnte Interaktionseffekt vornehmlich auf die ersten Versuchseinheiten beschränkt und im Laufe des Versuchs schwächer wird und gegen Ende ganz fehlt. Ganz offensichtlich wird die Orientierung am Partnerverhalten mit der Zeit unmaßgeblicher.

Der Faktor 'Vorheriger sozialer Kontakt' zeigt nur minimale Effekte und dann in den Hypothesen widersprüchlicher Richtung. Hierauf wird noch ausführlich im Diskussionsteil einzugehen sein. Bei der abhängigen Variable 'Übereinstimmung und Anpassung an das Partnerverhalten' zeigt sich wie erwartet wiederum der Einfluß des Partnerverhaltens, wobei die Anregungswirkung des sich individuell verhaltenden Spielpartners größer als beim kooperativen ist. Gründe dafür werden noch diskutiert werden. Dies gilt ebenfalls für die Interaktion mit dem Faktor 'Extraversion', dessen Effekte sich bei der Frage nach dem Grad der Übereinstimmung offensichtlich zum Gesamtwert kooperativer Wahlen zeigen.

3. INTERAKTIONSKOMPONENTEN

Zu den weiterhin erfaßten Charakteristika der sozialen Interaktion gehören die mittels Verhaltensbeobachtung bestimmten visuellen und emotionalen Zuwendungen zum Spielpartner. Diese Komponenten wurden dem Versuchsablauf analog aufgezeichnet. Weiterhin wurden noch die Gesamtzeit und die Zeit der Interaktionswahl erfaßt.

3.1 Visueller Kontakt zum Spielpartner

Diese abhängige Variable gliedert sich in zwei Formen der Kontaktaufnahme:

1. Der Blick zum Monitor, auf dem der stooge abgebildet wurde und
2. der Blick in die Kamera, um direkt vom Partner gesehen zu werden, ihm Zeichen zu geben etc.

Eine getrennte Verarbeitung dieser beiden Komponenten erschien wenig sinnvoll, da, wie während des Experiments zu beobachten war, die

Funktion der Kamera den Vpn relativ wenig bewußt war und Reaktionen in Richtung zum Fernseher sehr viel häufiger auftraten.

Auch bei dieser Variable wurde der Gesamt-Versuchsablauf nachträglich in kleinere Einheiten aufgeteilt, aus den oben bereits dargelegten Gründen. Aufgrund der geringeren Häufigkeiten wurde hier jedoch der Versuchsablauf nur in zwei Versuchsblöcke halbiert (1 - 40; 41 - 60).
Es ergab sich nach der entsprechenden varianzanalytischen Auswertung sowohl über den gesamten Versuchsablauf (1 - 80) wie über die beiden Versuchsblöcke 1 - 40 und 41 - 80 eine tendenzielle Wechselwirkung zwischen der präexperimentellen Bedingung 'Vorheriger Kontakt' und der Extraversionsausprägung (p = 0,055 für 1 - 80; p = 0,059 für 1 - 40; p = 0,087 für 41 - 80). die Richtung dieser Wechselwirkung wird in Abbildung 12 verdeutlicht.

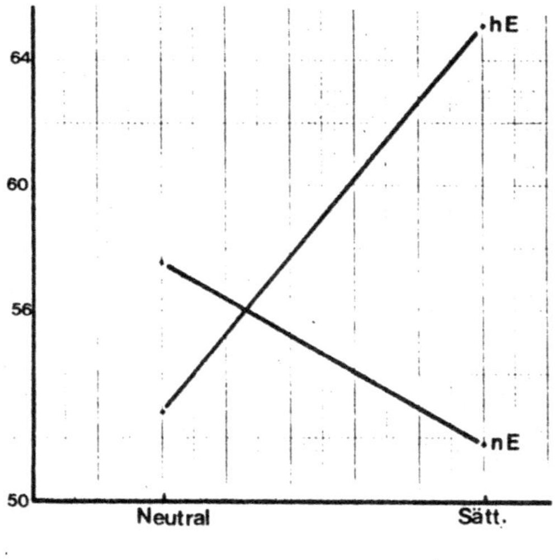

Abb. 9: Mittlere Häufigkeiten der visuellen Kontaktaufnahme für die Klassen der Faktoren 'Vorheriger Kontakt'/'Extraversion'.

Auch hier tritt wieder die Umkehrung des hypostasierten Effektes der vorherigen Kontaktenge auf. Unter dem Aspekt höherer Extraversionstendenzen neigen die Vp mit intensiv erlebtem Spezialkontakt zu einer erhöhten visuellen Partnerzuwendung.

Weiterhin zeigt sich im letzten Versuchsblock (41 - 80) ein Haupteffekt des Faktors 'Partnerverhalten' (p = 0,027).
Dem sich überwiegend kooperativ verhaltenden Spielpartner wird sich signifikant häufiger zugewendet als dem individuell wählenden Partner.

3.2 Emotionale Zuwendung zum Spielpartner

In einer Grobklassifikation wurden bei dieser Variablen Mimik und Gestik der Vp während der Versuchssituation in bezug auf den Spielpartner eingschätzt, und zwar nach eher negativ geladenen Äußerungen, die Unmut, Ärger, Unzufriedenheit etc. beinhalten und nach positiven Äußerungen, wie lächeln, in die Hände klatschen, zuwinken etc. Die Vpn zeigten während der Versuchssituation sehr häufig Äußerungen und versuchten auch öfters mit dem Spielpartner zu kommunizieren mit Hilfe von Gesten und Zeichensprache.

Die varianzanalytische Auswertung wird im folgenden getrennt für die Variable 'Positive Zuwendung' und die Variable ' Negative Zuwendung' besprochen. Auch hier ist wieder eine zeitliche Blockbildung in zwei Hälften vorgenommen worden. Für diese Variablen ergaben sich beim BARTLETT-Test zur Prüfung der Varianzhomogenität jedoch für die einzelnen Varianzvergleiche auf dem 1 %-Niveau signifikante Varianzunterschiede. Da es sich jedoch in der Regel um relativ geringfügige Oberschreitungen des kritischen Wertes handelt, wird auf die Ausführungen von HAYS, 1970, S. 380 ff und WINER, 1962, S. 92 ff zur praktischen Bedeutsamkeit von Varianzheterogenitäten in den Bedingungsklassen verwiesen.

3.2.1 Positive emotionale Zuwendung

Hier ergab sich über den gesamten Versuchsblock (1 - 80) ein signifikanter Haupteffekt für den Faktor 'Partnerverhalten' (p = 0,04). Dieser Effekt zeigte sich bei der Halbierung wiederum in der letzten Hälfte des Versuchsablaufes (p = 0,005). Für die erste Hälfte (1 - 40) ergab sich eine tendenzielle Interaktion des Faktors Partnerverhalten mit der Extraversionsdimension.

Erwartungsgemäß zeigen die Vpn, die einen zur Kooperation bereiten Spielpartner erleben, signifikant häufiger positive emotionale Äußerungen dem Partner gegenüber. In der ersten Hälfte scheinen die eher extravertierten Vpn auch beim individuellen Partner zu positiven emotionalen Zuwendungen zu neigen.

3.2.2 Negative emotionale Zuwendung

Auch hier erweist sich als einzig wirksamer Effekt das Partnerverhalten, das analog den oben geschilderten Ergebnissen die entsprechende Umkehrung zeigt. Die Vpn mit interaktionsablehnenden Partner verhalten sich häufiger emotional negativ ihm gegenüber. Dieser Haupteffekt findet sich ebenfalls über den gesamten Versuchsblock (p = 0,04) und zeigt sich bei Aufsplitten nur im letzten Versuchsblock (p = 0,025). Die Varianzheterogenität liegt allerdings für den zuerst geschilderten Effekt bei $F_{(1;\infty)} = 19,9$ und für den Versuchsblock 41 - 80 gilt $F_{(1;\infty)} = 33,9$ bei einem kritischen F-Wert von $F_{(1;\infty)} = 6,64$.

3.3 Zeitvariable

Sowohl für die insgesamt benötigte Zeit als auch für die Zeit, die die Vpn unter den verschiedenen Bedingungen für ihre Wahl, ob kooperatives oder individuelles Spiel benötigen, ergaben sich keinerlei Effekte der experimentellen treatments.

4. POSTEXPERIMENTELLER FRAGEBOGEN

Der postexperimentelle Fragebogen diente vornehmlich der groben Oberprüfung der experimentellen Situation aus der Sicht der Vpn. Mit ihm sollte eine nachträgliche Validierung einiger wesentlicher Untersuchungsaspekte versucht werden. Die im Fragebogen enthaltenen Fragen beziehen sich auf die Entscheidungskriterien, die zur eigenen Wahl geführt haben (Frage I, 1 - 5 und Frage III, 1 - 6), auf die Charakteristika des Spielpartners (Frage II, IV, VII, X) und auf die Kriterien des Spielablaufs (Frage V, VI, VIII, IX). Auch hier ergab sich bei einigen Fragen Ungleichheit der Varianzen.

Da diese Fragen nur zur Orientierung über den Versuchsablauf dienen sollten und ihre Ergebnisse nur Anregungscharakter für Interpretationen der experimentellen Situation haben sollen, ist nur bei Erstellung der Fragen auf die Einhaltung von inhaltlichen Gütekriterien geachtet worden. Eine weitere Oberprüfung dieses spezifizierten Fragebogens erscheint nicht sinnvoll.
Die Ergebnisse werden nach den drei Kriterienbereichen dargestellt. Für den Bereich der subjektiven Entscheidungskriterien ergaben sich bei Frage III, bei der erfragt wurde, ob Belohnung, Schwierigkeit oder Spaß am Spiel entscheidend für die Wahl waren, keine signifikanten Unterschiede. Dagegen ergaben sich bei Frage I für die fünf Items unterschiedliche Effekte (Tab. A 42 bis A 46). Bei der Beurteilung der Aspekte, die den Vpn am besten bei dem Spiel gefallen hatten, ergaben sich für alle vorgegebenen fünf Komponenten des Spiels signifikante Unterschiede.

Den technischen Aspekt des Spiels fand die Gruppe derjenigen, die vor dem Experiment intensiven Sozialkontakt erlebt hatte, entscheidender als die Gruppe ohne diesen Kontakt ($p = 0{,}003$; $F_{(1;oo)} = 10{,}9$).

Der Belohnungsaspekt (Punkte) spielte für die Gruppe mit kooperativem Partner eine größere Rolle als für diejenige mit dem sich individuell verhaltenden Partner ($p = 0{,}09$). Dieser Effekt interagiert jedoch mit dem Faktor des vorherigen Kontaktes ($p = 0,04$); der Unterschied zwischen den Ausprägungen des Partnerverhaltens bezieht sich hauptsächlich auf die Gruppe derjenigen, die intensiven Sozialkontakt erfahren hatten. Diese Gruppe beantwortet die Frage nach dem Aspekt der Schnelligkeit ebenfalls positiv, im Gegensatz zu ihrer Alternativgruppe mit keinem Sozialkontakt, für die die Schnelligkeit des Aufgabenablaufs keine Rolle gespielt hat ($p = 0,042$).

Bei der Frage, ob das Spiel zu zweit der entscheidende Aspekt war, geben die Vpn, denen vor der experimentellen Situation keine Gelegenheit zu Sozialkontakt gegeben wurde, diesen Aspekt signifikant öfter als diejenigen mit erlebtem Sozialkontakt an ($p = 0,045$). (Die entsprechende Frage nach dem Alleinspiel war aufgrund der geringen Beantwortungshäufigkeit nicht auswertbar.).

Der zweite Fragenbereich galt den Charakteristika des Spielpartners. Dieser wurde (bei der Frage II) auf der Sympathie-Dimension von der Gruppe mit individuellen Spielpartnern tendenziell niedriger, d.h. unsympathischer eingeschätzt als der kooperative Partner von der Gruppe, die dieser Bedingung zugeführt waren ($p = 0,07$). Hier zeigt sich also eine Koppelung zwischen Kooperationsbereitschaft und Sympathie-Beurteilung.

Bei der Frage, ob lieber mit einem anderen Partner gespielt worden wäre, verneinten 95 % der Vpn diese Frage, so daß eine weitere Auswertung sich erübrigte.

Eine weitere Frage zur Sympathie-Dimension (Frage VI, 'Freundschaft') ergab eine höhere Bereitschaft zur Kontaktaufnahme bei den eher extravertierten Vpn und keine Unterschiede des Partnerverhaltens ($p = 0,003$). Die Frage nach einer mehr aufgabenorientierten Kontaktaufnahme (Frage X) ergab die gleiche Tendenz wie Frage VI, was die Extraversionsunterschiede angeht ($p = 0,09$), gleichzeitig ergab sich eine Wechselwirkung zwischen Extraversion und vorherigem Kontakt in Richtung auf eine Modifikation durch die Vpn, die intensiven sozialen Kontakt erlebt hatten ($p = 0,04$).

Der dritte Fragenkomplex galt den Kriterien des Spielablaufs. Hier ergab sich bei der Frage V nach der Verhaltensabsicht des Spielpartners ein hochsignifikanter Effekt über die Kenntnis (awareness) der experimentellen Bedingungssetzung ($p < 0,001$).

Bei der Frage nach dem möglichen Effekt der (vorgetäuschten) räumlichen Trennung der Spielpartner antworteten 97,5 % einseitig, daß sie diese nicht als unangenehm empfunden hätten, so war eine weitere Auswertung nicht sinnvoll.

Die Form des Zusammenspiels wurde in Frage VIII von denjenigen mit einem kooperativen Spielpartner als besser angegeben, als die der individuellen Partner-Bedingung Zugeordneten ($p = 0,02$).

Bei der Frage nach der relativen Machtstellung des falschen Spielpartners (Frage IX) antworteten 97 % der Vpn mit einer Verneinung.

Im großen und ganzen wurden die in dem Fragebogen ausgesprochenen Aspekte im Sinne der experimentellen Absicht beantwortet, insbesondere was die Fragen zum Spielablauf betrifft. Bei den Charakteristika des Spielpartners werden dem kooperativen Spielpartner mehr Sympathien entgegengebracht.

Bei den Entscheidungskriterien für die eigene Wahl zeigt sich die Art des vorher erfahrenen Sozialkontaktes Effekte: Apparative Kriterien spielen für diejenigen, die Sozialkontakt erfahren haben, eine größere Rolle als die sozialen Aspekte der experimentellen Situation, die für die Gruppe ohne vorherigen Sozialkontakt als wichtig angegeben werden.

5. SITUATIVE ANGST

Der sich bei der Überprüfung der Kovarianten ergebende signifikante Effekt des Faktors 'Vorheriger sozialer Kontakt', der nicht kovarianzanalytisch korrigiert werden kann, bei der Ausprägung der Variablen 'Prüfungsangst' soll in folgender Form postexperimentell kontrolliert werden:

Im Prinzip wird die gleiche Methodik, wie sie bei der Variablen Extraversion präexperimentell angewandt wurde, durchgeführt. Allerdings muß jetzt mit einer erheblichen Einschränkung der Zellenbesetzungen und der gesamten Stichprobengröße gerechnet werden.

Es wurde folgendermaßen vorgenommen: Nach Ermittlung des Stichproben-Medians (N = 120) des Faktors 'Prüfungsangst' wurde innerhalb jeder Zelle der AB-Kombinationen (A = Partnerverhalten; B = Vorheriger Kontakt) jeweils die unter und über dem Median liegenden ausgezählt. Hier ergab sich eine Mindestgröße von 9 Vpn, so daß aus den restlichen Stichprobenbesetzungen eine randomisierte Auswahl von jeweils 18 (9 Mdn) Vpn getroffen wurde. Bei dieser 3-faktoriellen Anordnung (3. Faktor: Prüfungsangst) war bei gleicher Zellenbesetzung (n = 9) ein Gesamt-N von 72 erreicht.

Die entsprechend durchgeführten 3-faktoriellen Varianzanalysen ergaben für die grundlegenden abhängigen Variablen im wesentlichen die gleichen Effekte wie bei der Bedingungssetzung 'Extraversion'. (Dies gilt für die Zuwendung zum Interaktionspartner.).
Abweichende Effekte werden im folgenden dargestellt:

Kooperative Reaktionen:

Hier ergab sich für den Versuchsblock 1 - 20 eine tendenzielle Interaktion zwischen den beiden experimentellen Bedingungen Partnerverhalten/Vorheriger sozialer Kontakt ($p < 0,1$). Die Bedingung 'Kein sozialer Kontakt' differenziert auf den beiden Stufen des Partnerverhaltens, wobei bei dem kooperativen Partner unter dieser Bedingung eher kooperativ gespielt wird. Dieses Ergebnis kann als ergänzende Aussage zu den bereits vorliegenden Daten betrachtet werden.

Bei der Analyse der Übereinstimmungskoeffizienten zeigte sich der Effekt der situativen Angst, der sowohl über den gesamten Versuchsablauf (1 - 79) als auch über den ersten Versuchsblock (1 - 20) hochsignifikante Effekte zeigte ($p < 0,01$). Die Vpn-Gruppe mit der geringeren Ausprägung situativer Angst zeigte eine erhöhte Übereinstimmung mit den Partnerreaktionen. Im übrigen bestätigen sich die bereits in Abschnitt 2.3 dargestellten Ergebnisse dieser abhängigen Variablen. Eine ausführliche Besprechung der Einflußgröße situative Angst wird in der anschließenden Ergebnisdiskussion geschehen.

F. DISKUSSION DER ERGEBNISSE

Bei der Ergebnis-Diskussion wird einmal eine zusammenfassende Analyse und Betrachtung der einzelnen Bedingungsbereiche und ihrer Effektivität für den kooperativen Interaktions-Prozeß, zum zweiten, eine generelle Einordnung der Befunde und übergreifende Aussagen zum Problembereich anzugehen sein. Im folgenden werden zuerst die Einflußgrößen der experimentellen Bedingungsinduktionen dargestellt.

Bevor mit einer solchen Betrachtung begonnen wird, sollten noch einmal die Untersuchungsziele und ihre Fragestellungen kurz referiert werden. Arbeitsziel war die Analyse des Kooperationsprozesses, d.h. seiner grundlegenden Bestimmungsgrößen. Hierbei galt es - nachdem essentielle Bestimmungsstücke der kooperativen Prozedur entsprechend den Konzeptualisierungen apparativ festgelegt worden waren - habituelle, präexperimentelle und experimentelle Einflußbereiche zu überprüfen. Untersuchungsziel war der Nachweis der sozialen Verstärkungs-Effektivität einer kooperativen Interaktion über diese, sowohl unter diesem Aspekt als auch unter dem Aspekt der Repräsentativität der wesentlichen Bedingungsgrößen ausgewählten Einflußbereiche. Inwieweit ein solcher Nachweis gelungen ist, wird in den folgenden Abschnitten zu diskutieren sein.

1. EXPERIMENTELLE BEDINGUNGEN

1.1 Prä-experimenteller sozialer Kontakt

Die Effektivität dieser Variable in bezug auf kooperationsrelevante Verhaltensbereiche konnte nicht in der erwarteten Form nachgewiesen werden. Hypothesengemäß wäre von den Vpn, die vor der experimentellen

Interaktion einen intensiven, positiv bekräftigenden Sozialkontakt mit einem Erwachsenen erlebt hatten, insgesamt ein größeres Desinteresse an einer Kooperation im Vergleich zu denjenigen, die keinen sozialen Kontakt erfahren haben und bei denen eine erhöhte Bereitschaft zur sozialen Interaktion hypostasiert wurde, zu erwarten gewesen. Bei der abhängigen Variable 'Gesamtzahl kooperativer Wahlen' traten weder Haupteffekte noch Wechselwirkungen hinsichtlich dieses Faktors auf.

Die aufgrund der vermuteten Kontamination mit dem Faktor Situative Angst (s. hierzu auch die experimentellen und theoretischen Befunde von WALTERS und seinen Mitarbeitern (1960, 1964) und besonders die Ergebnisse von KOZMA, 1971, die Angstkomponenten und die damit verbundene emotionale Arousal-Wirkung für solche Effekte bei Isolations-Studien hypostasieren) durchgeführte postexperimentelle Kontrolle dieser Variable ergab jedoch nur Tendenzen in Richtung auf diese Wirkungsrichtung, zumal sich hierbei das treatment 'Kein vorheriger Sozialkontakt' nur als Moderatorvariable für die beiden Stufen der situativen Variable 'Partnerverhalten' erwies.

Gründe für den Mangel an Wirksamkeit dieses Faktors können in der Überlegenheit situativer, unmittelbar erfahrener Wirkgrößen liegen. Wahrscheinlicher ist jedoch die mangelnde Abbildung solcher Effekte in einem kooperativen Verhaltensmaß, die sich auch durch die von den Vpn dieser experimentellen Gruppen berichteten subjektiven Entscheidungskriterien unterstützen läßt. Hier geben jeweils die Gruppen mit intensivem Sozialkontakt als am positivsten bewerteten Spielaspekt die apparativen Funktionen und die Schnelligkeit der Aufgabe an, also äußere vom Spielkontakt und der sozialen Interaktion unabhängige Kriterien. Dagegen zeichnet sich jedoch die Gruppe der ohne Sozialkontakt verbliebenen Vpn durch eine überzufällig positive Bewertung der dydadischen Interaktion, der Spielweise zu zweit und damit der Kooperation aus. Subjektiv empfinden und beurteilen diese Vpn also die sozialen Aspekte der Versuchssituation als angenehm und reagieren somit im erwarteten Sinne einer Deprivationswirkung in Richtung auf soziale Reizgegebenheiten (GERWITZ und BAER, 1961; 1969). Hierbei scheint jedoch die Valenz der sozialen bzw. interpersonellen Verstärker (kooperative bzw. individuelle Partner-Reaktion) nicht von Einfluß zu sein. (Vgl. hierzu die Ergebnisse von GALLIMORE et al. (1969), die nach sozialer Deprivation die Effektivität negativer sozialer Verstärker im Gegensatz zu indifferentem Verhalten nachweisen konnten.).

Bei der Überprüfung der Übereinstimmung und der Anpassung an die vorgegebenen Spielpartner-Verhaltensreaktionen ergab sich (allerdings nur für einen Verhaltensausschnitt) ein signifikant höheres Eingehen auf die stooge-Reaktionen bei den Vpn mit intensivem sozialen Kontakt. Geht man von einer höheren Anregungswirkung sozialer Verstärker bei im Sozialkontakt Deprivierten aus, so widerspricht dieses Ergebnis der theoretischen Formulierung. Die Verstärkungswirkung des Partners (HARTRUP, 1964), d.h.seine Wahlreaktionen, gemessen über das direkte Maß der einzelnen Übereinstimmung pro Interaktionseinheit, zeigt sich nur bei den Vpn mit vorher erfahrenem positiv bekräftigendem Sozialkontakt. Eine mögliche Ursache für diesen Effekt ist, daß es zu einer spezifischen Übertragung der im vorherigen Kontakt erfahrenen sozialen Kontingenzen kommt, d.h. also ein Lerneffekt im Sinne eines Beobachtungslernens aufgetreten ist. Zusammenfassend läßt sich folgendes sagen:

1. Der soziale Stimulationseffekt einer kooperativen sozialen Situation, dessen Nachweis mittels Vorhandensein und Intensität positiver sozialer Kontakte erfolgen sollte, läßt sich, gemessen über kooperative Verhaltensmaße, nicht eindeutig belegen. Es kommt hier zu widersprüchlichen Ergebnissen, deren Erklärungsursachen zwar diskutiert und aus vorliegenden Modellen zum sozialen Lernen deriviert werden können, jedoch kann von einer generellen und direkten Einflußnahme unmittelbar vorher gemachter sozialer Erfahrungen und entsprechenden Verhaltensvorhersagen auf eine soziale Interaktion nur bedingt gesprochen werden. An dieser Stelle sei auch auf die immer noch währende Kontroverse zwischen den sich

mit diesen sog. Stimulationseffekten und mit sozialen Verstärkungsgegebenheiten nach vorheriger sozialer Deprivation bzw. Sättigung beschäftigenden Autoren hingewiesen (HOWELL, 1972; ENDO, 1968; ROSENHAN, 1967; STEVENSON und ODOM, 1962). Die von EISENBERGER (1970) berichtete Abhängigkeit des Effektes von der Aufgabenart weist auf die hier angestrebte, jedoch offensichtlich schwierige Übertragbarkeit dieses Wirkungsmechanismus auf komplexere soziale Tätigkeiten hin (vgl. auch HILL und MOELY, 1969).

2. Das Fehlen einer sozialen Kontaktaufnahme wird von den Vpn in ihrem subjektiven Erlebnisbereich so verarbeitet, daß in einer darauf folgenden Interaktion der Aspekt der Zweisamkeit eine entscheidende Rolle spielt. Innerhalb dieser subjektiven Verarbeitung der experimentellen Bedingungssetzung wird also die beabsichtigte und hypostasierte Wirkung erzielt. Hier besteht jedoch eine Differenz zwischen dem subjektiven Erlebnisbereich und den in der experimentellen Situation gezeigten Verhaltenstendenzen. Offensichtlich beeinflussen und überlagern hier situationsspezifische Wirkungsgrößen die gezeigte Verhaltensvarianz.

3. Es kann nicht generell von einer Nicht-Wirksamkeit einer Interaktion vorausgehender sozialer Kontakte ausgegangen werden. Sie sind in Konfliktspielen öfters, allerdings nicht in der hier vorgegebenen sozialen Polarisierung, nachgewiesen worden. Hier spielt jedoch die völlig verschiedene Belohnungsqualität des Partnerverhaltens eine entscheidende Rolle.

1.2 Verhalten des Interaktionsteilnehmers

Bei der Beurteilung der Wirksamkeit dieser Variable muß die experimentelle Anordnung und die in ihr vorgegebenen Belohnungskontingenzen in Betracht gezogen werden. Da im Gegensatz zu allen bisher verwandten kooperativen Untersuchungsanordnungen keinerlei Belohnungsdifferenz zwischen einer kooperativen und nicht-kooperativen Handlung vorgegeben war, sind die in der Literatur beobachteten Effekte nicht übertragbar. Die experimentellen Ergebnisse deuten nicht auf eine, von der materiellen Belohnung (Punkte) her gegebene Unterscheidung zwischen den beiden Reaktionsalternativen.

Die u.a. von TEDESCHI et al (1968) und von MACK und KNIGHT (1974) berichteten Verhaltenseinflüsse eines kooperativen Spielpartners in Richtung auf kooperative Reaktion der Vp (bei konflikttheoretischen Spielanordnungen) werden in einem so angeordneten Interaktionsablauf, da neben der sozialen Verstärkung die zusätzliche Belohnung durch Punkte wegfällt, weniger leicht Effekte nachzuweisen sein. Jedoch werden im Sinne der experimentellen Fragestellung Fehlereinflüsse und nicht eindeutig interpretierbare Effekte aufgrund von vermischten Motivstrukturen vermieden.

Wie erwartet, erwies sich die Variable 'Verhalten des Spielpartners' als wesentliche Einflußgröße für das Interaktionsverhalten in all seinen verschiedenen Aspekten.

Bei den Verhaltensmaßen der kooperativen bzw. individuellen Wahlen ergaben sich über die Ausprägungstendenzen der Extraversion modifizierte Effekte, die die Bereitschaft zu kooperativem Verhalten in Abhängigkeit von habituellen Merkmalen zeigte. Handelt es sich eher um eine introvertierte Versuchspersonengruppe, so zeigen diese bei einem kooperativen Partner signifikant häufiger kooperative Wahlen als bei einem sich nicht kooperativ verhaltenden Partner.

Die Hypothese einer Erhöhung der kooperativen Vp bei einem überwiegend kooperativ wählenden Spielpartner wird also nur für die Gruppe von eher introvertierten Vpn bestätigt. Die Gruppe mit den ausgeprägteren Extraversionstendenzen unterscheidet sich, wenn sie einen interaktionsablehnenden Spielpartner hat, signifikant von den Introvertierten: Sie reagiert häufiger, trotz Ablehnung des anderen Interaktionsteilnehmers, kooperativ.

Das kooperative Partnerverhalten erweist sich also in einer sozialen Interaktion nur dann als sozial verstärkend im Sinne einer Auftretenserhöhung von kooperativen Antworten, wenn es sich um eine Versuchspersonengruppe mit spezifischen Merkmalen (geringere Geselligkeit, weniger Aktivität, geringeres Kontaktbedürfnis) handelt.

Die Bedeutsamkeit der oben beschriebenen Merkmalsdimension für Aspekte der Interaktion zeigt sich ebenfalls bei der Übereinstimmung in der Abfolge der Partner-Reaktionen. Hier neigt diese Vpn-Gruppe im Unterschied zum kooperativen Partner beim nicht-kooperativen zu einer erhöhten Anpassungsbereitschaft, wie sich überhaupt bei diesem Kriterium Tendenzen in Richtung auf eine generell größere Übereinstimmung beim nicht-kooperativen Partner zeigen.
Wichtig ist zusätzlich der zeitliche Aspekt der oben geschilderten Effekte. Während sich in der ersten Phase des Versuchs die Vpn augenscheinlich noch sehr stark durch die Reaktionstendenzen des Interaktionspartners beeinflussen lassen, verliert sich dieser Effekt gegen Ende des Versuchs. Dagegen wird ein Einfluß in Richtung auf ein erhöhtes Eingehen auf die Partner-Reaktionen erst gegen Ende des Versuchs wirksam. Zu Beginn scheint das Verhalten des Interaktionspartners und wohl auch der Interaktionspartner selbst, einen gewissen Anreiz darzustellen, der bei den eher extravertierten und bei den introvertierten mit kooperativem Partner eine größere Bereitschaft zu kooperativen Reaktionen bewirkt. Über einen längeren Zeitraum jedoch neigt die Gruppe, die trotz kooperativer Angebote nicht kooperativ spielen kann, dazu, sich von dem anderen Spielpartner führen zu lassen, so daß sie sich eindeutig nach dem von ihm vorgegebenen Wahlen ausrichtet, während die, die sich des kooperativen Partners sich dessen Strategie sicher sind und sich Abweichungen erlauben. Diese Wirkmechanismen geben einen Hinweis auf die Wichtigkeit zeitlicher Abläufe im experimentellen Interaktionsgeschehen.

Die Beschreibung der kooperativen Situation im Vergleich zum individuellen, parallelen Spiel geschieht über die emotionalen und visuellen

Zuwendungskriterien. Auch hier erweist sich der Partner und sein Verhalten als hauptsächliche und entscheidende Einflußgröße. Interesse und positive emotionale Äußerungen dem Partner gegenüber sorgen, wenn sich dieser kooperativ verhält, jedoch ohne weitere Kommunikationsmöglichkeiten ist, für eine entspannte, freundliche Interaktionsatmosphäre (vgl. hierzu auch ähnliche Ergebnisse bei kooperativen Verhaltensmodellen von CHARLTON et al, 1974).

Ein weiterer Nachweis dieser dyadischen Gegebenheiten wird von den Vpn selbst berichtet, die dem kooperativen Interaktionspartner positivere Eigenschaften zuschreiben als dem nicht-kooperativen.

Insgesamt erscheint also - vorausgesetzt es wird keine Konfliktentscheidung zwischen zwei interpersonellen Wahlen verlangt, bei denen ein Partner einseitig dependent von der Reaktion eines anderen Interaktionspartners ist im Sinne einer Belohnungswegnahme bzw. -zunahme - ein bei einer Aufgabeneinheit kooperierender Partner, positive und angenehme situationsspezifische Emotionen hervorzurufen, im Gegensatz zu einem sich interaktionsablehnend verhaltenden Partner. Das von diesem gezeigte Desinteresse an einer Interaktion wird - obwohl definitionsgemäß mit keinen negativen Charakteristika oder Spielergebnissen verbunden - als eher negativ bis hin zur Beurteilung von unsympathisch eingeschätzt.

Allgemein gilt, daß in einer sozialen Interaktion, die kooperatives Handeln ermöglicht, Kinder eine kooperative Verhaltensvorgabe eines anderen Teilnehmers als Aufforderung, sich selbst kooperativ zu verhalten, verstehen, ohne dabei eine Belohnungserhöhung zu erwarten: Der sich verhaltende Partner übt selbst eine diskriminative Reizwirkung aus.

2. ZUSAMMENFASSENDE SCHLUSSFOLGERUNGEN

Definition und Abbildung des Kooperationsablaufes (als Verhaltenseinheit) über eine apparative Anordnung sichern eine exakte, replizierbare und somit vergleichbare Operationalisierung. Dennoch sind keine Aussagen über die Adäquatheit der Anordnung für andere Merkmalsbereiche, z.B. Altersbereiche, möglich. Eine Vielzahl divergent definierter kooperativer Abläufe ist denkbar. Hauptziel der hier entwickelten Anordnung war eine ohne Begrenzung bzw. Einschränkung im sozialen Gehalt, aber dennoch auf höchstmöglicher Kontrollebene und dementsprechend niedrigsten Fehlerniveau konzipiertes experimentelles Design.

Die experimentellen Befunde zeigen übereinstimmend die grundlegende Bedeutsamkeit situativer Interaktionsspezifika auch bei Kindern. Der Nachweis von Moderatoreffekten durch relativ stabile Persönlichkeitscharakteristika, wie die Ausprägung von Extraversionstendenzen und korrelierender Merkmale in dieser Untersuchung erbracht werden.

Als weiteres Charakteristikum sozialkooperativer Interaktion ergab sich der Einfluß von zeitlichen Abläufen. Es ist zu vermuten, daß die für die einzelnen Interaktionsprozesse maßgeblichen Bedingungsgrößen sich während eines sozialen Kontaktes fortwährend verändern, wobei in die Folge von Interaktionen die jeweils vorher erlebten Dependenzen und Interdependenzen des kooperativen Ablaufs als Lern- und Erfahrungscharakteristika einwirken, so daß dies als wesentlicher Untersuchungsaspekt bei der Erfassung sozial-kooperativer Abläufe dieser relativ einfachen Art berücksichtigt werden muß.

Der Nachweis der diskriminativen Funktion des kooperativen Partnerverhaltens und seines im Vergleich zum Alleinspiel höheren Bekräftigungswertes aufgrund seines sozialen Gehaltes bestätigt die von KELLER und SCHOENFELD (1950); LINDSLEY (1966); WEINGARTEN und MECHNER (1966) u.a. entwickelten Kooperationskonzepte. Eine Einordnung der experimentellen Befunde in einen Theorienkomplex erscheint aufgrund fehlender umfassender Modelle zu diesem Aspekt des Sozialverhaltens als wenig sinnvoll. Operante Lernprinzipien, die bereits von COHEN (1962); LINDSLEY (1966); HAKE und VUKELICH (1973), 1974, 1975) zur Erklärung und Darstellung dieser sozialen Abläufe herangezogen worden sind, erscheinen als geeignete Grundlage, um weitergehende soziale Korrelate der kooperativen Interaktion zu erfassen und darzustellen.

II. VERSCHIEDENE UNTERSUCHUNGEN ZUM PROSOZIALEN VERHALTEN

Dieser zweite Teil des vorliegenden Berichtes enthält eine Reihe von Einzeluntersuchungen zum prosozialen Verhalten, die fast ausnahmslos an der Gesamthochschule Duisburg und der Universität Göttingen durchgeführt worden sind. Bei diesen Untersuchungen handelt es sich um persönlichkeits-psychologische Arbeiten (A. - C.), feldexperimentelle Arbeiten zur Hilfsbereitschaft in alltäglichen Situationen (D. - J.) sowie um eine inhaltsanalytische Arbeit (K.). Die Einzeluntersuchungen stehen nur in einem lockeren Zusammenhang; sicher haben sie auch unterschiedliches Gewicht: Manche Studien haben anekdotischen Charakter (z.B. G.), bei manchen wurden Forschungstechniken erprobt (E., F. und I.), mit einer Studie (K.) werden neue Wege beschritten.

Die unter C. und D. genannte Untersuchung wurde gemeinsam mit Prof. Dr. Suitbert ERTEL, Universität Göttingen, geplant und durchgeführt.

Besonders ist allen Studenten zu danken, die bei der Durchführung und Auswertung von Untersuchungen mitwirkten, insbesondere Frau Hannelore Buttgereit, Herrn Eberhard Daum, Herrn Ralph Günster und Herrn Horst Ludger Ladmann.

A. Fortentwicklung einer Skala zur Moralentwicklung von Kindern

Das Verdienst von Jean Piaget um die Erforschung der Moralentwicklung von Kindern (1932) ist heute unbestritten. Als problematisch wird jedoch sein Weg der Moralerfassung angesehen. Piaget trug Kindern in Einzelsituationen konflikthaltige projektive Geschichten vor und fragte die Kinder nach deren Entscheidung und Begründung für die Entscheidung. Abgesehen von der mangelnden Standardisierung ist dies Verfahren sehr aufwendig.
Kemmler, Windheuser und Morgenstern (1970) entwickelten an der Universität Münster einen Fragebogen mit 12 "Piaget-Geschichten". Zu jeder Geschichte existieren vier Antwortmöglichkeiten, die mit 0 - 3 Punkten bewertet werden, wobei die Antwort mit dem höchsten Punktwert der sog. autonomen (reifen) Moral entspricht. Durch dieses Verfahren sind schriftliche Gruppenbefragungen möglich, was für die Forschung nicht nur einen erheblichen Zeitgewinn sondern auch eine Verbesserung der Objektivität bedeuten kann.

Je vier Geschichten gehören zu einem von drei Bereichen moralischen Urteils, die als a) vergeltende Gerechtigkeit versus austeilende Gerechtigkeit b) Abhängigkeit versus Selbständigkeit und c) Aussprachen und tatbezogene Strafen versus Prügel- und Kollektivstrafen bezeichnet werden.
Durch einige Voruntersuchungen der Verfasser sollte die Brauchbarkeit des Fragebogens gewährleistet sein. (Auf die Ergebnisse, die von Kemmler u. a. berichtet wurden, soll hier nicht eingegangen werden.)
Auf der einen Seite erscheint dieses Verfahren ökonomisch und für viele Fragestellungen nützlich zu sein. Auf der anderen Seite befriedigen die testtheoretischen Angaben von Kemmler u. a. nicht. So fehlen Angaben über Trennschärfen, Zuverlässigkeit, Subskalen - Interkorrelationen usw. Es wurde daher als sinnvoll angesehen, diese wichtigen Phasen der Testentwicklung nachzuholen. [1)]

---

1) Wir danken Frau Prof. Dr. Kemmler für die Überlassung des vollständigen Fragebogens mit Instruktion.

Die Geschichten wurden beibehalten, jedoch geringfügig gekürzt und einige antiquierte Vornamen durch modernere ersetzt. Die Befragung fand im Frühjahr 1976 in Duisburg statt[1]. Es wurden vier vierte Schuljahre zweier Schulen (kath. und konfessionell ungebunden) mit insgesamt 97 Kindern aus vollständigen Familien befragt. Es handelte sich um 47 Jungen und 50 Mädchen zwischen 9 und 12 Jahren ($\bar{x}$=10,1; N=97). Nach dem Schichtenindex von Kleining und Moore gehörten 69 % zur Unterschicht und 27% zur Mittelschicht.

Es ergeben sich für Jungen und Mädchen folgende Mittelwerte, (Streuungen), F- und t-Werte:

	Jungen	Mädchen	F	t	p
Gesamtskala	26,7 (3,9)	27,7 (3,6)	1,19	1,33	n.s.
Gerechtigkeit	10,2 (1,7)	9,3 (2,2)	1,64	2,27	< 0,05
Autorität	8,9 (1,7)	8,7 (1,8)	1,03	0,54	n.s.
Strafe	9,6 (1,8)	9,7 (1,6)	1,33	-0,23	n.s.

Lediglich bei der Subskala "Gerechtigkeit" zeigen Jungen einen höheren Durchschnittswert.
Doch ist obige Analyse noch fragwürdig, da die Gütekriterien unbekannt sind.
Wegen der Kürze der Skalen wurden Zuverlässigkeitskoeffizienten nach Cronbach bestimmt:

Gesamtskala: α = 0,43
Gerechtigkeit: α = 0,36
Autorität: α = 0,07
Strafe: α = 0,03

Diese Werte sind so niedrig, daß zumindest die drei Subskalen nicht mehr aufrecht erhalten werden können. Eine Analyse der Interitem-Korrelationen bestätigte überdies, daß die Korrelationen der Items innerhalb einer Subskale nicht höher waren als zwischen Items verschiedener Subskalen. Auch eine Faktorenanalyse bestätigte nicht

1) Herr Eberhard Daum führte diese Untersuchungen und Teile der Auswertungen durch (Daum 1978).

die Dreidimensionalität. Es wurden alle Items mit $r_{it} < 0,20$ ausgeschieden; so verblieben die Geschichten Nr. 3,4,6,7 und 9, Geschicht 10 wurde bei $r_{it} = 0,15$ mit umformulierten Distraktoren wieder aufgenommen. Für diese sechs Items ergab sich anhand der vorliegenden Daten (Item 10 in alter Fassung) eine Zuverlässigkeit von $\alpha = 0,43$, wobei die Zuverlässigkeit für Jungen mit $\alpha = 0,47$ höher lag als für Mädchen ($\alpha = 0,35$).
Auch bei den anderen Items erfolgten geringfügige sprachliche Verbesserungen. Zwei weitere neue Geschichten mit dem gleichen Aufbau wurden hinzugefügt, so daß acht Geschichten entstanden.
Die zweite Untersuchung fand im Sommer 1976 in Duisburg, Düsseldorf, Krefeld und Viersen statt. Untersucht wurden 132 Grundschüler der 4. Klasse sowie 51 lernbehinderte Kinder aus dem 7. und 8. Schuljahr. Die erste Kindergruppe war im Durchschnitt 10,9 Jahre alt, die zweite 14,1 Jahre alt. Es ergaben sich nun folgende Reliabilitätskoeffizienten:

Alle	(N=183):	$\alpha = 0,56$	
Grundsch.	(N=132):	$\alpha = 0,50$	($\alpha_m = 0,56$; $\alpha_w = 0,41$)
Sonderschu.	(N= 51):	$\alpha = 0,59$	($\alpha_m = 0,65$; $\alpha_w = 0,48$)

Für die Kürze der Skala können diese Werte als brauchbar angesehen werden, obwohl sicher noch Verbesserungen möglich sind. Der α - Wert für die Sonderschüler ist höher; vermutlich weil hier die Varianz der Skalenpunkte auch größer ist. Ferner scheint die Skala für Jungen brauchbarer zu sein als für Mädchen.
In dieser Untersuchung (Daum 1978) wurde auch der Erziehungsstil der Eltern ermittelt; hierüber soll im folgenden berichtet werden.

B. Moralentwicklung von Kindern in Abhängigkeit vom elterlichen Erziehungsstil

Ohne Zweifel ist Moralentwicklung von Kindern vom Erziehungsstil der Eltern abhängig, jedoch ist dies bislang kaum untersucht worden.

Vermuten kann man, daß Moralentwicklung durch Unterstützung, Wärme, Förderung von Selbständigkeit, eigener Verantwortung und sozialer Fähigkeit abhängt. Im einzelnen ist dies sicher schwer zu untersuchen. Jedoch gibt es seit ein paar Jahren Skalen zur Erfassung elterlichen Erziehungsstils, die sich in vielen Untersuchungen bewährt haben (Stapf u.a. 1972). Diese Skalen gehen von dem lerntheoretischen Ansatz der Bekräftigung (Belohnung, Unterstützung) und der Bestrafung (Strenge) aus, wobei diese beiden Aspekte nicht als Endpunkte einer Skala sondern als zwei (relativ) unabhängige Dimensionen gesehen werden, die getrennt für Vater und Mutter erhoben werden. Insgesamt handelt es sich so um einen Fragebogen mit 4 x 15 = 60 Items, den die Kinder über ihre Eltern ausfüllen sollen. Daß hier die Kinder ihre Eltern beurteilen sollen, wird von Stapf damit begründet, daß es für viele Fragestellungen darauf ankommt zu wissen, wie die Kinder das Erziehungsverhalten ihrer Eltern erleben und nicht so sehr darauf, wie sich die Eltern wirklich verhalten. Die Autorengruppe hat in mehrjähriger Forschung schließlich die Konsistenz und Brauchbarkeit der Skalen belegen können. Zu vermuten ist u. E., daß Moralentwicklung (gemessen mit der revidierten Kemmler-Skala) positiv mit "Unterstützung" und negativ mit "Strenge" korreliert.

Untersucht wurden 132 Grundschüler der 4. Klasse und 51 lernbehinderte Schüler der 7. und 8. Klasse. Den Schülern wurden die Stapf-Skalen vorgelegt, während die Schülerinnen die von Heinrich (1974) für Mädchen adaptierten Stapf-Skalen beantworteten. Alle Hypothesenprüfungen erfolgen daher getrennt für Jungen und Mädchen.

Es ergaben sich zunächst folgende Reliabilitäten für die Stapf-Skalen:

Mütterliche Unterstützung	Grundschüler	m.	$\alpha = 0{,}79$	N = 66
		w.	$\alpha = 0{,}77$	N = 66
	Sondersch.	m.	$\alpha = 0{,}86$	N = 33
		w.	$\alpha = 0{,}66$	N = 18
Mütterliche Strenge	Grundschüler	m.	$\alpha = 0{,}82$	N = 66
		w.	$\alpha = 0{,}81$	N = 66
	Sondersch.	m.	$\alpha = 0{,}82$	N = 33
		w.	$\alpha = 0{,}83$	N = 18

Väterliche Unterstützung	Grundschüler	m.	α = 0,86	N = 66
		w.	α = 0,89	N = 66
	Sondersch.	m.	α = 0,90	N = 33
		w.	α = 0,90	N = 18
Väterliche Strenge	Grundschüler	m.	α = 0,84	N = 66
		w.	α = 0,85	N = 66
	Sondersch.	m.	α = 0,86	N = 33
		w.	α = 0,84	N = 18

Die Erziehungsskalen erreichen bei allen Befragten gute bis sehr gute Zuverlässigkeiten.

Zur Prüfung der Hypothesen:

Korrelationen zwischen Moralentwicklung und

	Jungen (N = 99)	Mädchen (N = 84)
Mütterlicher Unterstützung	+ 0,07	+ 0,15
Mütterlicher Strenge	- 0,15 **	+ 0,00
Väterlicher Unterstützung	+ 0,10	+ 0,11
Väterlicher Strenge	- 0,20 *	- 0,03

** p<0,065 o.t.
* P<0,05 o.t.

Lediglich für Jungen ergibt sich eine signifikante Beziehung zwischen Strenge und Moralentwicklung in der erwarteten Richtung. Die Korrelationen zu "Unterstützung" sind zwar alle in der erwarteten Richtung, jedoch nicht signifikant.

Eine differenzierte Prüfung der Hypothesen getrennt nach Schultyp und Schichten führte leider nicht zu einer Klärung, wenn auch die Tendenzen erhalten blieben. Wahrscheinlich wäre es in Zukunft sinnvoll, das elterliche Erziehungsverhalten und die Moralentwicklung durch Verhaltensbeobachtung (ggf. in Experimenten) zu beobachten, statt beide Dimensionen zu erfragen.

C. Prosoziale Persönlichkeitsdimensionen - eine Bewährungskontrolle entwickelter Skalen

Schon seit langem hat man sich gefragt, ob nicht Hilfeleistung, Verantwortung u. ä. eine Sache der Persönlichkeit ist und durch Persönlichkeitstests erfaßt werden kann. (Zur Literatur und Diskussion siehe Lück, 1975, S. 45ff)

In einer umfangreichen Arbeit (Lichtenberg 1974), die vom Projektleiter betreut wurde, konnten folgende, amerikanische Skalen für deutsche Verhältnisse adaptiert werden:

Fürsorglichkeit	(Murray)
Mitleid	(Wispe)
Verantwortung	(Berkowitz/Daniels)
Vertrauen	(Rotter)

Lichtenberg fand bei seiner Untersuchung an ca. 200 Studenten, daß vor allem die ersten beiden Skalen teils antiquierte, teils für Studenten unangemessen formulierte Items enthielten.
Unsere Bewährungskontrolle sollte sich daher nur auf die letzten beiden Skalen beziehen. Da alle diese Skalen stark verfälschungsgefährdet sind, sollte die Skala zur Messung sozialer Erwünschtheit von Crowne und Marlowe (1964) in der deutschen Version von Lück und Timaeus (1969) als Kontrollinstrument eingesetzt werden.
(Über weitere in dieser Untersuchung geprüfte Hypothesen und verwendete Instrumente wird im nächsten Abschnitt berichtet.)

Befragt wurden 50 Studenten der Pädagogischen Hochschule Rheinland und 49 Studenten der Wirtschaftswissenschaften der Universität Köln. Die Studenten füllten die Items der genannten Skala im 5-Punkte-Format sowie weitere Skalen und Zusatzfragen aus. Es ergaben sich folgende Werte für die Skalen:

Verantwortung	12 Items $\bar{x}$ = 40,71	s = 5,03	α = .65
Vertrauen	19 Items $\bar{x}$ = 48,77	s = 5,59	α = .65
Soziale Wünschbarkeit	23 Items $\bar{x}$ = 70,80	s = 8,99	α = .74

Die Zuverläßigkeiten können also als befriedigend bis gut angesehen werden.
Die Interkorrelationen der Skalen:

	Verantw.	Vertrauen	Soz. Wünschb.
Verantw.	-	+ 0,22** (+ 0,24)	+ 0,31 (+ 0,69)
Vertrauen		-	- 0,01 (+ 0,50)
Soz. Wünschb.			-

**: $p < 0{,}01$

Im Gegensatz zur Untersuchung von Lichtenberg, dessen Daten in Klammern angegeben sind, zeigt sich hier ein deutlich niedrigerer Zusammenhang zur Tendenz zu sozial erwünschten Selbstaussagen. Dies mag einmal daran liegen, daß Lichtenberg seine Daten aus einer Befragung mit unbereinigten Skalen, allerdings nach Itemanalyse, gewonnen hat. Zum zweiten wurden bei Lichtenberg die Skalenitems vermischt vorgegeben. Immerhin zeigt sich auch hier wieder, daß Aussagen über eigene Verantwortung (Hilfsbereitschaft) anfällig für Verfälschungstendenzen sind.

Beide hier interessierende Skalen wurden faktorisiert (SMC-Schätzung Varimaxrotation). Für die Verantwortungsskala ergaben sich drei sinnvoll interpretierbare Faktoren, die wie folgt interpretiert wurden:

1. Zuverlässigkeit eigenen Handelns ("Ich gehöre zu den Leuten, auf die man sich verlassen kann"): Fragen-Nr. 28,29,30,31
2. Stetigkeit und Rigidität eigenen Handelns ("Was man anfängt, muß man auch zu Ende führen"): Fragen-Nr. 24,27
3. Verantwortungsbewußter Einsatz ("Ich melde mich häufig freiwillig für Sonderaufgaben"): Frage -Nr. 34

Sicher gehört Stetigkeit und Zuverlässigkeit zum Konstrukt der sozialen Verantwortung. Man kann jedoch zweifeln, ob derartige Fragen so zahlreich in einer derartigen Skale enthalten sein sollten. Jedenfalls scheinen Aussagen, die spontanen, aktiven Einsatz beschreiben, zu fehlen.

Bei der Faktorenanalyse der Vertrauensskala ergab sich erfreulicherweise ein erster allgemeiner Vertrauensfaktor, während die späteren Faktoren nicht eindeutig interpretierbar waren.

Beide Skalen erwiesen sich als unabhängig von Alter, Geschwisterzahl und Semesterzahl der Befragten (Produkt-Moment-Korrelation). Die Studenten der Pädagogik unterschieden sich von denen der Wirtschaftswissenschaften nicht bezüglich Verantwortung (t-Test), jedoch hatten sie überrachenderweise etwas niedrigere Vertrauenswerte ($t = 2,04$; $P < 0,05$ zweiseitig).

Insgesamt gesehen erreichten beide überprüften Skalen befriedigende Zuverlässigkeiten; die Skalen sind weniger anfällig für Verfälschungstendenzen in Richtung sozialer Erwünschtheit als befürchtet.

D. Verantwortung und Vertrauen im Zusammenhang zu anderen Persönlichkeitsdimensionen

Bei der im letzten Abschnitt beschriebenen Untersuchung wurden mehrere weitere Persönlichkeitsskalen verwendet, zu denen die Verantwortungs- und die Vertrauensskale durch Korrelation in Beziehung gesetzt wurden.
Es handelt sich um folgende Variablen:

1. Gesellschaftsveränderungs-Skala. Dies ist eine von S. Ertel entwickelte Skala von 28 Aussagen, bei der jeder Veränderungswunsch - sei es "Ich bin für mehr ..." oder "Ich bin für weniger ..." - im Sinne der Skala zählt. In der vorliegenden Untersuchung erreichte die Skala eine Zuverlässigkeit von $\alpha = + 0{,}73$.
2. Extraversion. Dies ist ein 5-Punkte-Item mit ausführlich beschriebenen Endpolen.
3. Neurotizismus - Labilität. Ebenso ein erprobtes 5-Punkte-Item.
4. Konservatismus (C-Skala). Hier handelt es sich um die 40-Item-Version für Studenten der von Wilson und Patterson entwickelten und von Schneider und Minkmar für deutsche Verhältnisse adaptierten C-Skala. Reliabilität in dieser Studie: $\alpha = 0{,}84$.

Es wurde hier eine leicht positive Korrelation zwischen den prosozialen Dimensionen und Konservatismus sowie negative zu Gesellschaftsveränderungstendenzen und Labilität vermutet.
Hier die Ergebnisse:

	Vertrauen	Verantwortung
Gesellschaftsveränderung	- 0,10	- 0,15
Extraversion	+ 0,10	- 0,07
Neurotizismus - Labilität	- 0,15	- 0,28**
Konservatismus	+ 0,12	+ 0,36**

**: $p < 0{,}01$

Verantwortung - im oben bereits kritisierten vorherrschenden Sinne der Verläßlichkeit - korreliert mit emotionaler Stabilität und Konservatismus hochsignifikant. Alle anderen Beziehungen sind nicht-signifikant. Damit sind obige Hypothesen tendenziell bestätigt. Allerdings mögen die Zusammenhänge auch dadurch erklärbar sein, daß gerade die Verantwortungsskala eine starke Ausprägung in Richtung Verläßlichkeit - Rigidität hat, was u. E. nicht ganz dem Alltagsverständnis von "Verantwortung" entspricht..

E. Zum Hilfeleistungsverhalten von Telefonbesitzern: Sozialstatus und Geschlecht des Opfers

Eine der originellsten nichtreaktiven Forschungstechniken ist die "wrong number technique", die "Verwähl-Technik". Ein Autofahrer, der eine Panne hat, will bei einer Werkstatt anrufen. Er verwählt sich aber offensichtlich und bittet den ihm fremden Gesprächsteilnehmer, dieser möge für ihn bei der betreffenden Werkstatt anrufen, da er keine Münzen mehr habe, um noch einmal anzurufen.

In Wirklichkeit ruft ein Vl einen Teilnehmer absichtlich an und simuliert die Notlage. Will der Teilnehmer helfen, wird ihm die Nr. eine Vl.-Helfers gegeben, der sich als Werkstatt meldet und Hilfe verspricht.

Dieser Versuchsaufbau ist erstmals wohl von Gaertner und Bickmann (1971) zur Erforschung von Hilfeleistung verwendet und beschrieben worden. Experimente aus dem deutschen Sprachbereich gibt es mit dieser Verwähltechnik bislang nicht. Da dieses Forschungsprojekt u. a. auch zur Erprobung neuer Forschungsmethoden dienen sollte, wurde im Juni/ Juli 1975 ein Experiment mit der Verwähltechnik durchgeführt.

Vpn waren 30 Fernsprechteilnehmer und Teilnehmerinnen im Ortsnetz Göttingen.Vl-Helfer waren ein Student und eine Studentin. Als Hypothesen sollten geprüft werden:

1. Bei hohem Sozialstatus des Opfers (Vl) wird häufiger geholfen als bei niedrigem Status.
2. Dem weiblichen Opfer (Vl) wird eher geholfen als dem männlichen Opfer (Vl).

Der Status der Opfer wurde dadurch variiert, daß der (die) Vl(in) sagte, er (sie) müsse dringend "zur Schicht" oder "dringend zur Konferenz". Das Geschlecht des Opfers war stimmlich deutlich zu erkennen.

Von den Vl wurden Nummern gewählt, die ähnlich waren wie die der "Werkstatt" (z.B. 2 Ziffern vertauscht). Alle Gespräche (Anrufe und Rückrufe) wurden per Adapter auf Tonband aufgenommen. Besondere Vorkommnisse gab es während des Versuchs nicht. Die Teilnehmer zweifelten nicht an der Echtheit der Notsituation. Eine Ausländerin verstand die Bitten des Vl nicht. Hier hängte der Vl nach Entschuldigung ein.

In die Auswertung wurden so einbezogen:

9 Anrufe Arbeiter
10 Anrufe Arbeiterin
5 Anrufe Konferenzteilnehmer
5 Anrufe Konferenzteilnehmerin

Insgesamt riefen 3 der 29 Teilnehmer nicht bei der Werkstatt an. Zwei dieser 3 Teilnehmer hatten bereits vorher ihre Hilfe verweigert - eine Dame wegen Arbeitsüberlastung, eine andere in unwirschem Ton ohne Angabe von Gründen.

Prüfung der ersten Hypothese:

	Arbeiter	Konferenzteiln.	Gesamt
geholfen	26	10	36
nicht geholfen	3	0	3
Gesamt	29	10	39

Zwar wurde allen "Konferenzteilnehmern" geholfen und 3 "Arbeitern" nicht, so ist doch trotz erwarteter Richtung der Abweichung der Unterschied nicht signifikant (Chi-Quadrat-Test). Evtl. hätte eine größere Stichprobe hier deutlichere Unterschiede erkennen lassen; vielleicht war aber auch die Manipulation des Sozialstatus zu unauffällig.

Prüfung der Hypothese:

	Weibl. Opfer	Männl. Opfer	Gesamt
geholfen	13	13	26
nicht geholfen	2	1	3
Gesamt	15	14	29

Auch hier ist der Unterschied nicht signifikant; beiden Opfern wird gleich häufig geholfen. Auch Wechselwirkungen zwischen Geschlecht des Opfers und Geschlecht des Gesprächsteilnehmers (Vp) sind nicht feststellbar. Insgesamt gesehen erstaunt doch die Häufigkeit der Hilfsbereitschaft (wenn auch die Ratlosigkeit oft unüberhörbar war): 87 % aller Teilnehmer halfen. Das ist hochsignifikant ($P < 0,01$) mehr als in den USA (beim entsprechenden Vergleich mit der Versuchsbedingungen weiße Opfer und weiße Helfer, Gaertner und Bickmann 1971). Mögliche Gründe im unterschiedlichen Verhalten könnten in den verschiedenen Sozialisierungsbedingungen zu sehen sein (auch bei anderen, ähnlichen Replikationen erhielten wir in der BRD Hinweise auf größere Hilfsbereitschaft). Wahrscheinlicher ist aber wohl der Grund, daß das deutsche Telefonnetz weit weniger dicht als in den USA ist. Vermutlich empfinden Telefonbesitzer eine gewisse Verpflichtung in derartigen, kleineren Notsituationen. Hinzu kommt, daß eine Stadt wie Göttingen, verglichen mit New York, immer noch einen persönlichen Charakter trägt. So erkundigten sich einige Gesprächsteilnehmer eingehend nach der Werkstatt ("Wo ist die denn? Die kenne ich gar nicht!").

F. Zum Hilfeleistungsverhalten von Telefonbesitzern: Ähnlichkeit politischer Einstellungen[1)]

Der Militärputsch in Chile 1973 hat bereits Proteste der demokratischen Öffentlichkeit ausgelöst.

---

1) Diese Studie wurde gemeinsam mit Teilnehmern eines Sozialpsychologischen Praktikums im Wintersemester 1977/78 geplant und durchgeführt.

Bei der Beurteilung dieses Vorgangs in unserem Land gehen die Meinungen weit auseinander. Sie reichen von einer Verurteilung des Putsches bis zu seiner wohlwollenden Akzeptierung. Der CSU-Vorsitzende versuchte z. B. positive Aspekte der Militärdiktatur herauszustellen. Während die Aussagen von der CDU gedeckt wurden, ist aus den Reihen der Jugendorganisationen, RCDS und Junge Union Kritik laut geworden. Inwieweit sich in dieser Kritik auch die Kritik einiger Mitglieder der Mutterparteien artikuliert, ist nicht genau einzuschätzen, aber es lassen sich folgende Hypothesen ableiten:

1. Werden bei der Absicht helfen zu wollen dem Helfer vom Hilfsbedürftigen Tatsachen bekannt die eine relativ sichere Zuordnung des Hilfsbedürftigen zu einer bestimmten politischen Einstellung (nicht Parteizugehörigkeit) zulassen, und wird diese Einstellung als "Links" identifiziert, so wird von aktiven Mitgliedern einer konservativen Partei (CDU) weniger geholfen als von aktiven Mitgliedern der SPD.
2. Die unter 1. gemachten Annahmen gelten auch für erwachsene Familienangehörige, da diese häufig ähnliche Einstellungen haben.

Durchführung der Untersuchung

Zur Prüfung der Hypothesen empfiehlt sich die Verwähltechnik. Es handelt sich um ein nonreaktives Verfahren, das von verschiedenen Wissenschaftlern für ähnliche Problemstellungen benutzt wurde. (Gaertner und Bickmann 1971, Simon 1971)

a) Auswahl der Stichprobe
   - Mitglieder zweier Stadträte von nordrhein-westfälischen Städten
b) Anruf der Personen am Spätnachmittag folgender Text:
   "Tag Peter (oder anderer Freund). Ich bin völlig aufgeschmissen. Ich muß dringend zur Uni Duisburg zur Chile-Veranstaltung und stehe hier an der x Strasse mit Autopanne. Kannst du mich schnell abholen?"

- spätestens jetzt, aber wahrscheinlich früher, kam der Einwand "falsch verbunden" - Daraufhin wurde die Tel.-Nr. von "Peter" angegeben, mit der Bitte dort anzurufen, da man keine zwei Groschen mehr zur Hand habe. Personen, die bei Peter anriefen, wurden als hilfsbereit eingestuft.

c) "Opfer" spielten 5 Teilnehmerinnen des Praktikums im Blindversuch, d. h. die Parteizugehörigkeit der Vpn war unbekannt.

Ergebnisse

Die Durchführung der Experimente erwies sich als relativ unproblematisch, da die Vpn den Notfall wohl als echt erlebten. Allerdings mußten die Versuche abgebrochen werden, als sich herausstellte, daß eine Versuchsperson, die offensichtlich von Parteikollegen vorinformiert war, Verdacht geschöpft hatte.

In die Auswertung gingen 48 SPD und 32 CDU-Abgeordnete bzw. deren Angehörige. Die zwei FDP-Abgeordneten wurden in die Auswertung nicht mit einbezogen.

Von den 80 Vpn halfen 53, dies sind 66 %. Dieser Wert entspricht etwa amerikanischen Daten, er liegt allerdings erheblich niedriger als der Wert von 93 % der für eine unselegierte Stichprobe von Telefonbesitzern in Göttingen (Studie 5) ermittelt wurde.

Die Hilfsbereitschaft von SPD-Adressaten (69 %) war nicht größer als die Hilfsbereitschaft von CDU-Adressaten (63 %); Chi^2-Test nicht signifikant. Teilt man die Gesamtstichprobe nach Abgeordneten und Familienangehörigen auf, so läßt sich auch für diese Teilstichproben die Arbeitshypothese nicht bestätigen (Chi^2-Tests).

Es fiel nun auf, daß einige Vpn von sich aus spontan Hilfe anboten, während andere erst um einen Anruf beim Freund gebeten werden mußten. Wenn sich unter den SPD-Adressaten, die halfen, auch mehr spontane Helfer (11) fanden als unter den CDU-Helfern (3), so ergibt sich auch hier kein signifikanter Unterschied bezüglich der beiden Gruppen.

Nebenergebnis: Frauen und Männer halfen gleich oft.

Diskussion der Ergebnisse

Die Haupthypothese, daß die Hilfsbereitschaft durch die Ähnlichkeit der politischen Einstellung positiv begünstigt wird, ließ sich durch die von uns durchgeführte Untersuchung nicht bestätigen. Aktive Mitglieder der beiden untersuchten Parteien und deren Angehörige sind gegenüber der Studentin gleich hilfsbereit.

Kritisch läßt sich zur Untersuchung sagen:

1. In der telefonischen Darstellung erhielt die Notsituation gegenüber dem Indikator für politische Einstellung ein erhebliches Übergewicht. Dieses Übergewicht wurde dadurch hervorgerufen, daß die Notsituation der hauptsächliche Gesprächsinhalt war, während der Indikator "Chileveranstaltung" im Verlauf des Gesprächs nur einmal am Anfang erwähnt wurde. Dies wurde beim nochmaligen Abhören der Rückrufprotokolle deutlich. Es zeigte sich, daß die Helfer unrichtige bzw. keine Vorstellungen vom Ziel des Opfers hatten, die Notsituation im Bewußtsein der Helfer also dominant war.
2. Ferner wird vermutet, daß die Variable "politische Einstellung" durch unsere Operationalisierung "Chileveranstaltung" keine eindeutige Zuordnung zuließ. Wahrscheinlich hätte hier mit aktuellen bundes-, landes- oder kommunalpolitischen Ereignissen (Koop. Schule, Berufsverbote) die Variable besser erfaßt werden können.
3. Der Aufwand für die Hilfeleistung war relativ gering. Es wäre zu prüfen, ob sich die Versuchspersonen bei einem höheren Aufwand in ihrem Verhalten unterschieden hätten.
4. Die Hilfeleistung erfolgte faktisch unter Ausschluß der Öffentlichkeit. Negative und positive Sanktionen seitens der Parteifreunde waren für den Helfer aus diesem Grunde kaum zu erwarten. Er half sozusagen als"Privatperson".
   Wahrscheinlich hätten sich bei Einbeziehung politischer Bezugsgruppen andere Ergebnisse eingestellt, so z. B. bei Hilfeleistung in einer öffentlichen Situation (vgl. Ergebnisse zur Konformitätsforschung).

Es kann daher vermutet werden, daß eine Versuchsanordnung, die von vorneherein die in den vier Punkten dargelegten Sachverhalte angemessen berücksichtigt, geeignet zur Prüfung obiger Hypothesen ist.

G. Wohnungsangebote für Gastarbeiter

Steven Bochner (1972) hat in Australien durch entsprechend formulierte Anzeigen für Wohnungssuchende feststellen können, daß den Ureinwohnern Australiens weit seltener Wohnungen auf dem freien Wohnungsmarkt angeboten werden als Personen, die sich nicht als Ureinwohner zu erkennen gegeben hatten.
Das Experiment von Bochner wurde mit geringfügigen Veränderungen im Sommer 1975 wiederholt. Dabei sollte durch insgesamt 4 Anzeigen die Frage geprüft werden, ob Gastarbeitern seltener Wohnungen angeboten werden.

Im "Göttinger Tageblatt" erschienen an drei Samstagen folgende Anzeigen:

am 6.6.1975 "2-Zimmer-Wohnung von Ehepaar (Gastarbeiter) gesucht. Angebote unter M 9792 an das GT"

am 12.6.1975 "2-Zimmer-Wohnung von Ehepaar gesucht. Angebot unter S 134 an das GT"

am 21.6.1975 je eine "normale" und eine "Gastarbeiter"-Anzeige.

Beim ersten Vergleich Gastarbeiter vs. Ehepaar (1:6) ergab sich im Binomialtest ein p = 0,08 o.t. Im zweiten Vergleich ein P = 0,16 o.t. Der kombinierte p-Wert (Winer 1962, S. 49 f.) beträgt: p <0,07. (Diese Art der Berechnung erscheint als sinnvoll, da es sich um zwei verschiedene Vergleiche handelt. Hätte man alle Zuschriften auf die Gastarbeiteranzeige (=1) mit allen auf die Ehepaaranzeige (=12) verglichen, wäre ein hochsignifikanter Unterschied, p = 0,002 o.t., herausgekommen).

Immerhin, die 4 Anzeigen unterschieden sich in ihren Wirkungen deutlich: Chi-Quadrat = 9,45 bei df = 3; p < 0,03 t.t.

Nach diesen Ergebnissen kann man einem wohnungssuchenden Gastarbeiter nur raten, nicht zu sagen, daß er ein Gastarbeiter ist. In diesem Falle hätte er für zwei Anzeigen (ca. 18,-- DM) lediglich ein hektographiertes Maklerangebot für teure Wohnungen außerhalb der Stadt bekommen, während unter anonymeren Bedingungen teils recht freundliche, persönlichere und günstigere Angebote eingegangen wären (Eine Helferin des Vl überlegte sich ernsthaft, eines der Angebote anzunehmen!).

Während wir in früheren Experimenten keine markanten Unterschiede in der Hilfsbereitschaft gegenüber Gastarbeitern und Einheimischen fanden (vgl. Lück 1975, S. 66 ff.) zeigte sich hier der Unterschied weit deutlicher. Der Grund für diesen Befund dürfte in der intensiveren Sozialbeziehung beim Mietverhältnis liegen. Man sagt wohl einem Gastarbeiter die Uhrzeit oder hilft ihm gelegentlich, hingefallene Waren aufzuheben, aber man überlegt sich gut, ob man an ihn eine Wohnung vermietet.

Unsere Ergebnisse sind absolut gesehen noch beängstigender als die von Bochner bezüglich der australischen Ureinwohner:

Australien:	1:0,34
Deutschland:	1:0,083.

H. Sekundäranalyse zur Wirkung positiver sozialer Modelle

In einer weiteren Studie sollte es nicht um eine neue empirische Untersuchung, sondern um die Sekundäranalyse von Daten gehen, die uns durch persönliche Kontakte zur Verfügung gestellt wurden. Zwei Studentinnen, Ingeborg Koch und Erika Schneider, hatten im Wintersemester 1974/75 an einem "Planungspraktikum" der Universität Wien teilgenommen und dort ein Feldexperiment über "Das Lernen altruistischer Verhaltensweisen anhand von Modellpersonen" durchgeführt. Während der theoretische Teil des unveröffentlichten Berichts und auch des Experiments überzeugten, schien die Auswertung unzureichend zu sein. Es wurde daher eine Sekundäranalyse der Daten für sinnvoll gehalten.

Der Versuch: "Einer Person, sichtlich desorientiert, mit einem Stadtplan in der Hand und hilfesuchend um sich sehend (=1. betroffene Person) wird von einer zweiten Person eine Hilfeleistung - möglichst offenkundig und lautstark - angetragen (=Modell) sobald sich Passanten aus einer Richtung nähern. Etwa hundert Meter weiter wartet eine dritte Person (=2. betroffene Person), die ebenfalls hilfesuchend um sich blickt und einen Stadplan konsultiert." (S. 11 - 12 des Manuskriptes). Es wurden verschiedene Bedinungen überprüft und das Hilfeleistungsverhalten der Vpn beobachtet. Insgesamt wurden 900 Vpn wochentags nachmittags zwischen 14 und 17 Uhr im Dezember 1974 und Januar 1975 in der Wiener Innenstadt beobachtet:

	Hilfesuchende(r)		Gesamt
	männlich	weiblich	
Modellperson männlich	150	150	300
Modellperson weiblich	150	150	300
Kontrollgruppe (ohne Modell)	150	150	300
	450	450	900

Von den insgesamt 900 Passanten halfen lediglich 17 (=1,89 %). Davon entfielen 15 auf die vier Versuchsdurchgänge mit Modellperson, 2 auf die ohne Modell. Im Chi-Quadrat-Test ergibt sich bei df = 1 ein Wert von 3,68, was $p < 0,06$ t.t. und $p < 0,03$ o.t. entspricht. Damit sind die Modellwirkungen als signifikant anzusehen - wenn auch knapp.

Eine weitere Auswertung zeigt, daß dem männlichen Hilflosen häufiger geholfen wird, als der weiblichen Hiflosen (Chi-Quadrat = 4,86; df = 1 $p < 0,01$).

Naheliegend ist die Vermutung, daß ein Modell besonders wirkungsvoll ist, wenn es dem Hilfsbedürftigen ähnlich ist. Bezogen auf das Geschlecht würde dies heißen, daß bei gleichem Geschlecht von Modell und Opfer die Hilfeleistung häufiger eintritt als bei ungleichem Geschlecht. In dieser Untersuchung ließ sich keine Auswirkung der

Ähnlichkeit nachweisen (Chi-Quadrat = 1,70, df = 1, u.s.), jedoch ist es so, daß bei männlichem Modell die Passanten eher dem männlichen Hilfsbedürftigen halfen: Chi-Quadrat = 4,62; df = 1; $p < 0,05$.

Von den 17 Helfern waren 14 Männer und 3 Frauen. Bei ca. 450 männlichen und ca. 450 weiblichen Passanten dürfte dieser Unterschied hochsignifikant sein. Die 14 Männer boten ihre Hilfe 8 männlichen und 6 weiblichen Personen an. Die 3 Frauen halfen alle Männern. Dieser Unterschied erscheint als auffällig, ist jedoch wegen der kleinen Zahl von Helfern nicht signifikant.

I. Hilfeleistung gegenüber Frauen und Männern: Die zerrissene Einkaufstüte

Ein Feldexperiment von Wispe und Freshley (1971) hat inzwischen Bekanntheit erlangt. Ein Helfer des Vl ("Opfer") steht mit einer vollen Einkaufstüte vor einem Supermarkt. Während sich ihm ein Passant (Vp) nähert, geht ihm seine Einkaufstüte entzwei und seine Lebensmittel fallen auf die Erde. Wer hilft? Wem wird geholfen?

In einer früheren Replikation in Porz bei Köln spielten eine Deutsche und eine Ausländerin als Gastarbeiterin das Opfer (Fercho 1973, vgl. Lück 1975, S. 68 f.). In dieser Untersuchung sollte der Versuch mit einem weiblichen und im Vergleich dazu mit einem männlichen Opfer durchgeführt werden.

Als Arbeitshypothesen wurden aufgestellt: 1. Jungen Frauen wird eher geholfen als jungen Männern. 2. Jüngere Passanten sind jüngeren Opfern gegenüber hilfsbereiter als ältere Passanten. 3. Angehörige eines anderen Geschlechts sind jeweils hilfsbereiter als Angehörige des gleichen Geschlechts.

Das "Opfer" spielten entweder eine Studentin oder ein Student (langhaarig). Zwei Beobachter - davon ein Photograph - waren als unauffällige Beobachter anwesend, ferner zwei Interviewer, die nach dem Versuch den Passanten nachliefen, um ihnen einige Fragen zur (unterlassenen) Hilfeleistung zu stellen.

Es wurden 100 Versuche durchgeführt, 50 mit weiblichem und 50 mit männlichem Opfer. Das Ausmaß der Hilfe wurde - wie bei Wispê und Freshley - auf 4-Punkte-Skalen eingestuft. Die zwei Beobachter stimmten hier gut überein (r = + 0,93), es gab lediglich 8 Versuche, bei denen ein Beobachter "Registrieren des Opfers" und der andere "Ignorieren des Opfers" erkannt zu haben glaubte. Der Unterschied in der Hilfeleistung war hochsignifikant (Chi-Quadrat = 20,76; df = 3; p <0,001); d. h. wie erwartet, erhielt das weibliche Opfer häufiger Hilfe. Dies Ergebnis steht im Gegensatz zur Studie von Lerner und Frank (1974).

Zur Prüfung der zweiten Hypothese wurden die Altersschätzungen der beiden Beobachter verwendet. Auch diese Schätzungen hatten eine gute Übereinstimmung: r = + 0,85. Der Mittelwert der beiden Altersschätzungen wurde nun mit dem Mittelwert der Hilfeleistungseinschätzung korreliert. Für das männliche Opfer ergab sich r = + 0,11 für das weibliche Opfer r = + 0,21. Beide Korrelationen sind nicht signifikant; lediglich für das weibliche Opfer läßt sich ein Trend in Richtung der Hypothese feststellen (p < 0,10).

Ebenfalls die dritte Hypothese ließ sich nicht bestätigen: Dem männlichen Opfer wurde nicht häufiger von Frauen und dem weiblichen nicht häufiger von Männern geholfen.

In keinem der bislang durchgeführten Experimente mit der "zerrissenen Einkaufstüte" (broken bag caper) von Wispê und Feshley (1971), Lerner und Frank (1974) und Fercho (1973) sind die Vpn nach ihren Motiven befragt worden. Eine solche Befragung war ein wichtiges Ziel dieser Studie.

Die Fragen lauteten für Vpn, die geholfen hatten:

"1. Warum haben Sie geholfen?
2. Hätten Sie auch geholfen, wenn das Opfer weiblich (bzw. männlich) gewesen wäre?
3. ... wenn das Opfer älter gewesen wäre?"

Für nicht-helfende Vpn lauteten die Fragen entsprechend, nur wurde vorher gefragt, ob die Vp gesehen hatte, "daß da jemandem Sachen hingefallen sind".

Bis auf eine Person (Nicht-Helfer) ließen sich alle befragen.

Die Motive der Helfer waren (bei Berücksichtigung von Mehrfachnennungen):

"Ist doch selbstverständlich" u. ä.		12 x
"Kann mir auch passieren" u. ä.		4 x
"Weiß nicht" u. ä.		3 x
"Bin so erzogen" u. ä.		2 x
"Nächstenliebe", "Bin Sozialist", "Die Sachen lagen im Wasser", "Ist doch ein nettes Mädchen"	je	1 x

Hier fällt eine gewisse Selbstverständlichkeit im Handeln und eine Unsicherheit in der Verhaltensbegründung auf. Die Argumente unterscheiden sich nicht bei den beiden Opfern.

23 Helfer meinten, sie hätten auch einer Person anderen Geschlechts geholfen, drei verneinten dies (Binomialtest $p < 0{,}001$). Diese drei Personen - es waren zwei jüngere Männer und eine junge Frau - hätten alle einem jungen Mann nicht geholfen.

Alle Helfer versicherten, sie hätten auch dem Opfer geholfen, wenn es älter gewesen wäre.

Die Nicht-Helfer verhielten sich deutlich anders im nachfolgenden Kurzinterview. Zwei hatten den kleinen Zwischenfall nicht bemerkt - so sagten sie jedenfalls.

Die Gründe für Nichthelfen (bei Mehrfachnennungen) waren:

"Der/die ist doch jung genug" o. ä.	23 x
"Habe keine Zeit" o. ä.	16 x
"Bin krank" "alt" o. ä.	6 x
"Weiß nicht"	5 x
"Ist nicht viel hingefallen"	3 x
(Vp wird böse)	
"Mir wird auch nicht geholfen"	2 x
"Der (die) ist doch selbst schuld"	2 x
"Das ist doch kein Notfall"	2 x
"Warum ich als Frau"	2 x
"Das (Opfer) ist doch ein Mann"	1 x
"Der hat doch selbst aufgehoben"	1 x
"Mein Einkaufswagen rollt mir weg"	1 x
"Ich habe da schlechte Erfahrungen gemacht"	1 x
"Kein Kommentar"	1 x

Die Antworten unterschieden sich nicht merklich bei den beiden Opfern. Typisch ist also der Verweis auf die Jugend des Opfers, auf übliche Normen, die stereotype Antwort, man habe keine Zeit (gehabt),sowie der Verweis auf die Rolle des Mannes als Helfer.

Von denen, die der Frau nicht geholfen hatten, meinte nur einer von 13, er hätte einem Mann geholfen. Von denen, die dem Mann nicht geholfen hatten, meinten immerhin 9, sie hätten einer Frau geholfen, 2 sagten "Eventuell", 16 sagten "Nein". Auch diese Antworten deuten auf eine tendenziell größere Hilfsbereitschaft gegenüber Frauen.

Einem älteren Mann hätten 24 von 29 und einer älteren Frau hätten 17 von 20 geholfen (kein signifikanter Unterschied).

Dieses Experiment bestätigt frühere Versuche ähnlicher Art, zeigt aber auch durch die (hier erstmalig durchgeführte) Nachbefragung, wie normengebunden Einstellungen zur Hilfeleistung sind und wie unangenehm es Menschen ist, wenn sie auf ihr Nicht-Helfen angesprochen werden.

J. Einfluss von Stimmungen auf Hilfeleistung gegenüber Einheimischen und Ausländern[1)]

In früheren Untersuchungen stellte man sich die Frage, inwieweit sich Erfolgs- oder Mißerfolgserlebnisse auf Hilfeleistung auswirken.

An einer Studie von Berkowitz und Conner (1966) nahmen 108 männliche Collegestudenten teil. In einem 3 x 3 Versuchsplan mußten zunächst zwei Drittel der Versuchspersonen eine Testaufgabe (Zusammensetzen eines Puzzles) erledigen, während die Kontrollgruppe sich keiner einführenden Aufgabe zu unterziehen hatte. Es wurde nun einer Gruppe Erfolg bescheinigt und dies auch durch eine Dollarnote zum Ausdruck gebracht, während der anderen Hälfte der getesteten Personen Mißerfolg beschieden wurde. Danach folgte eine Zeitspanne von 10 Minuten, in der die Versuchspersonen als "Arbeiter" für einen "Vorgesetzten" Briefumschläge anfertigen konnten. Es zeigte sich, daß die vormalige Erfahrung von Erfolg offensichtlich die Bereitschaft steigert, einem anderen zu helfen. während vorheriger Mißerfolg diesen Willen anscheinend senkt. Dies erkennt man besonders an der Tatsache, daß bei der zusätzlich manipulierten steigenden Abhängigkeit des"Vorgesetzten" (20 %, 50 %, 80 %) von den Probanden die Arbeitsbereitschaft in der Erfolgsgruppe bei weitem und sogar in der Kontrollgruppe ein wenig mehr anstieg als in der Mißerfolgsgruppe.

Es scheint so, als ob ein Individuum die Abhängigkeit eines anderen besser erträgt und eher bereit ist zu helfen, wenn es zum Beispiel durch ein vorheriges Erfolgserlebnis in gute Laune versetzt wurde. Berkowitz und Conner (1966) sagen dazu, Erfolg produziere einen "Schein guten Willens".

---

1) Die folgenden Ausführungen sind z. T. der Arbeit von Günster (1978) entnommen.

Zu ähnlichen Ergebnissen gelangte Isen (1970) in einer Untersuchung, die in drei Studien untergliedert war. Sie spricht in diesem Zusammenhang vom "warmen Schein des Erfolgs". Bei ihrer Untersuchung waren Lehrer und Studenten die Versuchspersonen, denen nach Erledigung psychologischer Testaufgaben bedeutet wurde, entweder gut (dies wurde durch eine Dollarnote belohnt) oder schlecht abgeschnitten zu haben. Im ersten Teil des Experiments bestand die abhängige Variable dann darin, Geld für eine neue Klimaanlage zu spenden. In der zweiten und dritten Studie wurde die Hilfsbereitschaft gegenüber einer Vertrauten des Versuchsleiters gemessen, der ein Buch zu Boden fiel. Alle drei Studien zeigten, daß nach einem vorherigen Erfolgserlebnis in einem Test unbeteiligten fremden Personen signifikant mehr geholfen wurde als nach einem Mißerfolgserlebnis. Der zweite und dritte Teil der Untersuchung gaben zusätzlich noch Aufschluß darüber, daß die Versuchspersonen mit vorherigem Mißerfolg weniger Aufmerksamkeit den Vorgängen im Testraum schenkten als die Probanden mit Erfolgserlebnissen und die Mitglieder der Kontrollgruppe.

Offensichtlich befindet man sich nach Fehlschlägen in einer schlechten Stimmung, die die Gedanken und Gefühle nur um die eigenen Probleme kreisen läßt. Man konzentriert sich nicht mehr auf Vorgänge, die sich ringsum abspielen und ist auch nicht mehr allzu bereit, sich in die Probleme anderer einzufühlen. Kurz gesagt, Mißerfolge engen das Wahrnehmungsvermögen, die Bereitschaft zur Interaktion und die daraus eventuell resultierende Hilfe entscheidend ein. Gute Laune nach Erfolgen jedoch steigerten den Willen, sich vom auf das eigene Ich fixierten Denken zu lösen. Das empfangene Glücksgefühl möchte man dann vielleicht an andere weitergeben.

Es erlaubt gleichzeitig, sich mehr um Bedrüfnisse und Probleme anderer Leute zu kümmern und dementsprechend auch mehr zur Hilfe bereit zu sein.

Eine Studie von Kazdin und Bryan (1971) untersuchte den Einfluß von Kompetenz auf Hilfeleistung mit 178 Versuchspersonen. Die Autoren manipulierten Kompetenz in zwei Teilen des Experiments dadurch, daß sie jeweils einer Gruppe zugestanden, körperlich fit zu sein, während sie der anderen attestierte, künstlerische Fähigkeiten zu besitzen. Die abhängige Variable bestand darin, freiwillig Blut zu spenden und es zeigte sich, daß zugestandene Kompetenz Hilfeleistung anwachsen läßt. Dies war unabhängig davon, ob die jeweilige Art der Kompetenz (physische Fitness/ künstlerische Fähigkeit) relevant oder irrelevant in bezug auf die abhängige Variable war.

Zu ähnlichen Ergebnissen gelangte Midlarsky (1970). Hier lag allerdings ein Unterschied in der Methode vor, da die Manipulation der Kompetenz (Ertragen von Elektroschocks) ganz auf das später geforderte Hilfeverhalten ausgerichtet war. Auch hier führte erhöhte Kompetenz zu gesteigertem prosozialem Verhalten.

Eine weitere in drei Versuche untergliederte Studie von Isen, Horn und Rosenhan (1973) mit 195 Versuchspersonen beschäftigte sich ebenfalls mit dem Effekt von Erfolg und Mißerfolg auf die Großzügigkeit als Variante zur Hilfeleistung. Auch hier wurde teilweise festgestellt, daß die 9 - 10 jährigen Kinder nach Bowlingspielen (Versuchsanordnung entsprach in etwa der von Rosenhan und White, 1972) sich eher bereit erklärten, Geld zu spenden, wenn sie zu der Annahme verleitet wurden, sie hätten vorher Erfolg gehabt. Ein weiterer wichtiger Befund dieser Untersuchung jedoch war, daß die Kinder auch dann steigendes Spendeverhalten zeigten, wenn sie nach einem Mißerfolg ihr Image beim Versuchsleiter aufbessern wollten. So spendeten gerade in der dritten Studie, in der ihr Mißerfolg dem Versuchsleiter offensichtlich bekannt war, 95 % der Versuchspersonen. Es scheint, als sei dieses Verhalten ein Beweis für Krebs' und Whittens (1974) soziale Theorie des Altruismus, nach der sich ein Individuum schämt, das ein negatives Bild von sich gezeigt hat und versucht, dieses Bild durch gute Taten zu korrigieren. Wenn man auch generell behaupten kann, daß Erfolg und damit verbundene gute Laune oder auch Erhöhung des Selbstwertgefühls (Kompetenz) zu steigendem prosozialem Verhalten führt, so kann auch Mißerfolg - wie oben gesehen - unter besonderen Umständen zu verstärktem Hilfeverhalten führen.

Um zu erfahren, ob sich verbale Induzierung von positiver oder negativer Stimmung auf Hilfeleistung auswirken, unternahmen Tipton und Browning (1972) eine Untersuchung mit 60 Versuchspersonen. Dieses Experiment fand auf dem Parkplatz eines Einkaufscenters statt. In der ersten Phase des Experiments ließ eine etwa 60 jährige Frau eine Einkaufstüte fallen.

Versuchte man ihr beim Aufsammeln zu helfen, bedankte sie sich entweder dafür (Belohnungsbedingung) oder lehnte jegliche Hilfe schroff ab (Bestrafungsbedingung). Die Experimentalgruppe war in diese beiden Bedingungen unterteilt (zwei Gruppen zu je 15 Versuchspersonen). Die Kontrollgruppe mit 30 Versuchspersonen nahm an der ersten Phase des Versuchs überhaupt nicht teil. Die zweite Phase sah nun vor, daß die Versuchspersonen an einem Mädchen im Rollstuhl vorbeikamen, das sich anscheinend vergeblich bemühte, ein Hindernis (Bordstein) zu überwinden. Es ergab sich nun das überaus erstaunliche Ergebnis, daß kein Mitglied der Experimentalgruppe - ob nun vorher belohnt oder bestraft - dem Mädchen half, während dies 36 % der Kontrollgruppe taten.

Diese Ergebnisse scheinen (zumindest, was die "belohnte" Gruppe betrifft) im Gegensatz zu denen von Uranowitz (1977) zu stehen. Dieser behauptet, Personen, die für eine kleinere Hilfeleistung einsprangen, halfen in einer späteren Situation häufiger, weil sie sich offensichtlich als besonders hilfsbereit einstuften.

Wie verhält es sich nun, wenn man Empfänger eines unerwarteten kleinen Geschenks wird? In zwei sehr gut geplanten Experimenten mit 193 Probanden gingen zum Beispiel Isen und Levin (1972) dieser Frage nach. Sie induzierten gute Laune, indem im ersten Teil des Experimentes Studenten in einer Universitätsbibliothek wie zufällig "Plätzchen" erhielten, während in der zweiten Studie die Erwachsenen unerwartet ein 10 Cent Stück in einer Telefonzelle fanden. Die Hypothesen wurden bestätigt:

Gute Laune führt im Gegensatz zur neutralen Laune zu verstärktem Hilfeverhalten. In der ersten Studie bestand die abhängige Variable darin, einem Studenten auf dessen Bitten hin Hilfe zu leisten. In der zweiten Studie wurde gemessen, ob die Versuchspersonen spontan halfen, Papier aufzuheben, das eine weibliche Versuchsleiterhelferin zu Boden fallen ließ.

Natürlich erscheint fraglich, ob der Erhalt von Plätzchen oder das Finden eines 10 Cent Stücks wirklich gute Laune induziert, aus der heraus prosoziales Verhalten folgt. Auf eine andere Möglichkeit der Interpretation weist Wispé (1977) hin.

Ein positives Erlebnis kann zu einem positiven Verhalten führen, da man sich im Sinne der Reziprozität einfach nur verpflichtet fühlt, sich für den Erhalt eines Geschenkes mit einer Art Gegengeschenk zu revanchieren. Es kann also sein, daß Stimmungen nicht unbedingt der auslösende Faktor für spätere Hilfeleistung sind.

Man sollte bei der Planung zukünftiger Feldexperimente insofern mehr Wert auf die Induzierung von Stimmungen legen, als man diese durch ausreichende Voruntersuchungen auf ihre Gültigkeit hin überprüft. Dies erscheint gerade bei der recht schwierigen Induzierung guter Stimmungen vonnöten.

Blevins und Murphy (1974) mögen oben angeführte Probleme auch erkannt haben und unterzogen die zweite Studie des Experimentes von Isen und Levin (1972) einer Replikation. Dabei kamen sie in ihrer Studie mit 51 Versuchspersonen zu dem erstaunlichen Ergebnis, daß nicht etwa die Finder des 10 Cent Stücks, sondern die neutrale Gruppe später mehr half.

Schellenberg und Blevins (1973) kamen zu ähnlichen Ergebnissen, die ebenfalls besagen, daß gute Laune nicht unbedingt mit erhöhtem prosozialem Verhalten einhergeht.

Auch Donnerstein, Donnerstein und Munger (1975) schließen am Ende ihrer Studie mit der Bemerkung, daß positive Stimmung Hilfeverhalten nicht immer fördert und sehen diese Steigerung nur bei der negativen Stimmung. Zu dieser Studie später noch mehr.

In einer weiteren Studie von Isen, Clark und Schwartz (1976) mit 152 Versuchspersonen wurden Experimental- und Kontrollgruppen gebildet. Nur den Mitgliedern der Experimentalgruppe schenkte man Pakete mit Schreibwaren. Hiernach erhielt jede Versuchsperson einen "Verwähltechnik-Anruf", der den Probanden die Gelegenheit zur Hilfe bot. Am Anfang half die Experimentalgruppe signifikant mehr. Mit zunehmender Dauer des Experiments jedoch wurde die Hilfe dieser Gruppe immer geringer, bis sich 20 Minuten nach Erhalt des Päckchens schließlich kein Unterschied mehr zwischen Experimental- und Kontrollgruppe ergab.

Hieraus könnte man ableiten, daß gute Laune wohl zeitlich begrenzt zu verstärktem prosozialem Verhalten führt. Nach einiger Zeit jedoch scheint die Wirkung der anfänglich guten Laune immer mehr zu schwinden. Ein Grund dafür könnte sein, daß dies Geschenk nicht von allzu hohem Wert war. Nichtsdestotrotz bleibt folgendes festzuhalten: Positive Stimmung scheint in diesem Beispiel Hilfeverhalten zunächst zu fördern, verblaßt aber die Erinnerung an das Geschenk, so läßt auch die Hilfsbereitschaft nach.

Trotz einiger oben angeführter anderslautender Ergebnisse scheinen Isen et al. mit gewisser Berechtigung vom "warmen Schein des Erfolgs" und anschließender größerer Hilfsbereitschaft sprechen zu können.

Huits (1969, S. 56) schreibt aus philosophischer Sicht:

"So hat die heitere Stimmung öffnende Kraft. Der Mensch fühlt sich zu mehr in der Lage, er fühlt sich stärker und reicher. Das Lebensgefühl ist erhöht ... Die Wirklichkeit wird voller erlebt".

Um den Effekt der Kompetenz in den Erfolgsexperimenten auszuschalten, manipulierte zum Beispiel Adermann (1972) bei 120 männlichen Collegestudenten Stimmungen auf direktere Art und Weise. Er ließ die Versuchspersonen 50 sogenannte "Stimmungsäußerungen" vorlesen; diese Methode hatte Velton (1972) bereits verwandt. Hierbeit wurden eine Begeisterungs-, eine Depressions- und eine neutrale Gruppe gebildet. Wurde die anschließende Aufgabe als Gefallen deklariert, halfen die gut gelaunten Probanden dem Versuchsleiter in statistisch gesichertem Ausmaß mehr als die anderen Gruppen. Deklarierte man jedoch die nachfolgende Aufgabe als Pflicht, so zeigte sich dieser Unterschied nicht.

Adermann (1972) kritisiert Isen, indem er betont, daß man eigentlich wenig über den Gefühlszustand der Testpersonen in den Experimenten von Isen sagen kann. Es fällt in der Tat recht schwer sich vorzustellen, daß ein Vorlesen bloßer Stimmungsäußerungen wie "Gott, fühle ich mich großartig" oder "Ich möchte schlafen gehen und nie wieder aufwachen" wirklich später zu Stimmungsindikatoren werden.

In einer anderen bereits oben erwähnten Untersuchung von Aderman und Berkowitz (1970) versuchten die Autoren, Stimmungen bei 120 Collegestudenten zu induzieren, indem sie 90 sec. Tonbänder ablaufen ließen. Hilfetonbänder führten zu positiven und das Nicht-Hilfe-Tonband zu negativen Stimmungen. Beide Arten aber bewirkten spätere Hilfeleistung an einem Versuchsleiter.

Zu ähnlichen Ergebnissen gelangten Macaulay und Berkowitz (1973).

Wispê (1977) warnt aber vor Oberschätzung der Ergebnisse in der Aderman-Berkowitz-Studie (1970), da sich nur drei von acht Nowlis-Stimmungsskalen als signifikant herausstellten.

In einer anderen Studie von Wispê, Kiecolt und Long (1973) wurden die Versuchspersonen gebeten, ihr Augenmerk auf einen Film zu richten und danach einen Stimmungsfragebogen auszufüllen. Anhand dieses Bogens sollten sie darzustellen versuchen, wie ihre Gefühle nach diesem Film zu sein hätten. Es ergab sich eine direkte Beziehung zwischen dem Film mit Hilfeleistung und positiver Stimmung einerseits und dem Film ohne Hilfeleistung und negativer Laune andererseits. So kann das Beobachten von Hilfeleistung selbst auch positive Stimmungen induzieren.

Alle diese zuletzt angeführten Untersuchungen bedienten sich der Präsentation akustischer und visueller Reize. Zu dieser Kategorie gehören auch die oben erwähnten Untersuchungen von Kidd und Berkowitz(1976) und Donnerstein, Donnerstein und Munger (1975).

Donnerstein et al. (1975) untersuchten mit 33 Versuchspersonen den Effekt von Dias mit entweder negativem oder positivem Stimmungsinhalt auf Hilfeverhalten. Der Kontrollgruppe wurden keine Dias gezeigt. Die anhängige Variable bestand darin, einem Studenten durch die Teilnahme an einem Experiment zu helfen. Überraschenderweise beeinflusste positive Stimmung das Hilfeverhalten nicht, während negative Laune solches Verhalten förderte. Dieses Phänomen erklärten die Autoren auch mit der Sühne von Schuld. Dazu wird später noch mehr zu sagen sein.

In einer anderen Kategorie bediente man sich einer Technik von Mischel, Ebbesen und Zeiss (1972), bei der die Versuchspersonen angehalten werden, entweder über ein glückliches oder ein trauriges Erlebnis nachzudenken.

In einer Studie von Moore, Underwood und Rosenhan (1977) spendeten acht- bis neunjährige Kinder mit positiver Stimmung am meisten, während Kinder mit negativer Laune am wenigsten gaben. Die Kontrollgruppe lag genau dazwischen.

In einer weiteren Studie von Rosenhan, Underwood und Moore (1974) mit 36 Versuchspersonen und derselben Stimmungsinduzierungstechnik hatte man nur der abhängigen Variablen eine weitere hinzugefügt. Die Kinder hatten entweder die Möglichkeit, sich Candies zu nehmen (Selbstbelohnung) oder Geld (Pennies) für andere Kinder zu geben (Altruismus). Die Autoren fanden heraus, daß zwar wieder die Gruppe in positiver Laune mehr spendete, sich diesmal die Gruppe mit negativer Stimmung und die Kontrollgruppe jedoch nicht signifikant unterschieden. Hinsichtlich der Selbstbelohnung unterschieden sich zwar positive und negative Stimmungsgruppen von der Kontrollgruppe, aber nicht voneinander. Kurz gesagt, die Selbstbelohnung ist unabhängig von Stimmung, während größere altruistische Verhaltensmerkmale sich nur bei guter Laune einstellten.

In einer anderen Studie von Cialdini und Kenrick (1976) mit 100 Versuchspersonen sollten die Probanden entweder an depressive oder neutrale Erlebnisse denken. Drei Altersgruppen wurden gebildet (sechs bis acht, zehn bis zwölf, fünfzehn bis achtzehn Jahre alt).

Man fand heraus, daß sich mit steigendem Alter negative Laune von neutraler Stimmung durch ansteigendes Spendeverhalten unterschied. Je älter, desto mehr stieg bei negativer Laune das Spendeverhalten. Die Autoren betrachten ihre Ergebnisse als Beweis für das hedonistische Konzept des Altruismus, das die Wohltätigkeit von Erwachsenen lediglich als Selbstbelohnung ansieht.

Was läßt sich aus den oben angeführten Studien über die Beziehung von Stimmungen und prosozialem Verhalten folgern? Man kann annehmen, daß eine optimistisch-aktive Stimmung prosoziales Verhalten fördert. Dies zeigen Untersuchungen von Berkowitz und Conner (1966); Midlarsky (1970); Isen (1970); Kazdin und Bryan (1971); Isen und Levin (1972); Rosenhan, Underwood und Moore (1974); Isen, Clark und Schwartz (1976) usw.

Es fällt jedoch auf, daß unter gewissen experimentell geschaffenen Situationen auch negative Stimmungen prosoziales Verhalten fördern können (vgl. Isen, Horn und Rosenhan 1973; Cialdini und Kenrick 1976; Kidd und Berkowitz 1976). Weitere Befunde dafür, daß nicht positive Laune, sondern im Gegensatz dazu negative Stimmung Hilfeverhalten steigert, liefern die Studien von Schellenberg und Blevins (1973), Blevins und Murphy (1974) und Donnerstein, Donnerstein und Munger (1975).

Adermann und Berkowitz (1970) und Macaulay und Berkowitz (1973) fanden in ihren Studien heraus, daß sowohl positive als auch negative Stimmung zu prosozialem Verhalten führen.

Tipton und Browning (1972) stellten sogar fest, daß weder positive noch negative Stimmung zu prosozialem Verhalten führte.

Ferner schlugen mehrere Versuche, Stimmungen zu messen,fehl (Adermann und Berkowitz 1970; Isen 1970; Kazdin und Bryan 1971; Kidd ung Berkowitz 1976).

Rasse des Opfers

Vorurteile gegen andere Rassen kann Einfluß auf das prosoziale Verhalten der Helfer nehmen. Man ist u. U. zum Beispiel eher geneigt, Vertretern der eigenen als denjenigen der anderen Rasse zu helfen. Dies zeigen Untersuchungen von Bryan und Test (1967); Gaertner und Bickmann (1971); Wubberhorst, Gradfort und Willis (1971) - hier bekam ein schwarzer Zeitungsjunge Vorurteile zu spüren - und Gaertner (1973).

Sind bei kleinen Gefälligkeiten die Kosten für den Helfer offenbar gering, können sich die Auswirkungen der Rasse des Opfers auf die Hilfsbereitschaft verringern.

Die scheint auch die Untersuchung vón Wispê und Freshley (1971) zu bestätigen; eine Replikation dieser Studie von Lerner und Frank (1974 b) gelangte zu ähnlichen Ergebnissen.

Auch in Deutschland ergaben sich bei einer weiteren Replikation von Fercho (1973); Lück (1975, S. 68 f) hinsichtlich der Hilfeleistung keine Unterschiede, obwohl diesmal anstelle eines Vertreters einer anderen Rasse eine Vertreterin einer anderen Nation das zweite Opfer war. Wert wurde in dieser Studie darauf gelegt, daß die Opfer - ob nun von verschiedener Rasse oder Nation - ungefähr von gleicher Attraktivität waren.

Diese widersprüchlichen Ergebnisse beim Effekt der Rasse auf Hilfeleistung erschweren die Bildung eindeutiger Hypothesen.

Als Hypothese wurde aufgestellt:
Befinden sich potentielle Helfer in guter Laune, so werden sie eher helfen als potentielle Helfer in neutraler oder nicht manipulierter Stimmung.

Die Rasse des Opfers sollte variiert werden; jedoch wurde diesbezüglich wegen der Uneinheitlichkeit der vorliegenden Literatur keine gerichtete Hypothese aufgestellt.

<u>Durchführung der Untersuchung</u>[1)]

Es wurde ein Feldexperiment in 2 (Stimmung) x 2 (Rasse) x 3 (Untersuchungstag)-Anordnung gewählt.

Historische Häuser der Moerser Altstadt werden naturgetreu wiederaufgebaut. Ein Mann betrachtet interessiert diesen Vorgang. Er ist salopp gekleidet, trägt einen Bart und raucht eine gebogene Pfeife. Er ist damit beschäftigt, an seiner Kamera die Entfernung und die Belichtung einzustellen. Als eine Passantin[2)] an ihm vorübergehen

---

1) Die Untersuchung wurde von Horst Ludger Ladmann (1978) unter Mitwirkung von Ralph Günster und Dr. James durchgeführt.

2) Durch eine Voruntersuchung an 12 männlichen und 12 weiblichen Vpn wurde ermittelt, daß Frauen sich als Vpn besser eignen. Sie reagierten fast ausnahmslos auf die Bitte mit deutlich erkennbarer Freude.

will, spricht der Mann sie an. "Haben Sie einen Augenblick Zeit für mich? Ich mache hier gerade Aufnahmen für die Rheinische Post vom Wiederaufbau dieser Historischen Bauten dort drüben. (Versuchsleiter zeigt auf das Objekt). Ich würde nun gern ein lebendigeres Foto machen. Können Sie aus diesem Grunde mal von dort ins Bild laufen?" (Versuchsleiter gibt durch Handzeichen die Richtung an). Die Versuchsperson läuft in die angegebene Richtung und der Versuchsleiter täuscht vor, eine Aufnahme zu machen. Danach bedankt er sich bei der Versuchsperson und zieht sich ins Wallzentrum zurück. Nun beginnt die zweite Phase des Experimentes. Die Versuchsperson setzt ihren Weg in der vorherigen Richtung fort. Der weiße Versuchsleiterhelfer, der vorher beobachtet hatte, wer sich für die Aufnahme zur Verfügung stellte, geht nun unauffällig dieser Versuchsperson nach. Er überholt sie auf der linken Seite. Wenn er sich ungefähr zwei Meter vor ihr befindet, wechselt er seine Plastiktüte von der linken in die rechte Hand. Dabei hatte der Versuchsleiterhelfer darauf zu achten, daß sich die Öffnung in der Tüte hinten befand, damit er auf keinen Fall bemerken konnte, daß er Gegenstände verlor. Er hielt die Tüte mit der rechten Hand am Griff, während die linke zunächst die Öffnung schloß. Befindet er sich nun etwa zwei Meter vor der Versuchsperson, so wechselt er die Tüte auf die rechte Hand.

Bei diesem Wechsel müssen die sich in der Tüte befindenden Päckchen mit Papiertachen-Tüchern unweigerlich aus der Tüte fallen. (Dies wurde durch Vorübung gesichert). Der Versuchsleiterhelfer setzte seinen Weg fort, ohne anscheinend zu bemerken, daß er etwas verloren hatte. Der schwarze Versuchsleiterhelfer war zu diesem Zeitpunkt von seinem Standort aus in der Lage, den gesamten Vorgang zu beobachten und in der Strichliste festzuhalten. Für die Versuchspersonen ergaben sich nun die folgenden drei Möglichkeiten:

a) Vollständige Hilfe durch Aufsammeln helfen
b) Hilfe durch die Information "Sie haben was verloren"
c) Trotz Erkennen des Vorfalls, keine Hilfe zu leisten.

Schaute eine Versuchsperson rein zufällig in eine andere Richtung und bemerkte dadurch den Vorfall nicht, so wurde sie nicht in das Experiment miteinbezogen. Dieser Fall ereignete sich zweimal bei Mitgliedern der Kontrollgruppe am zweiten Durchführungstag der Hauptuntersuchung. Im ersten Fall wandte sie plötzlich ihre Aufmerksamkeit der Schaufensterauslag eines Schuhgeschäftes zu; im zweiten Fall betrachtete sie die Auslage eines Buchgeschäftes. Der Versuchsleiterhelfer vermerkte nun, welche der drei oben angeführten Möglichkeiten die Versuchspersonen mit guter Laune gewählt hatte. Nach dieser Phase des Experimentes zogen sich Versuchsleiter und Versuchsleiterhelfer auf ihren Ausgangspunkt zurück. Die nächste Phase des Experimentes konnte beginnen.

Wiederum sprach der Versuchsleiter eine Versuchsperson an und bat um die oben bereits erwähnte Aufnahme. Danach zog er sich wie vorher ins Wallzentrum zurück. Hiernach wiederholte sich derselbe Vorgang, der zuvor geschildert worden ist, allerdings beobachtete nun der weiße Versuchsleiterhelfer, während der schwarze der Versuchsperson folgte. Nachdem auch hier der Vorgang schriftlich fixiert worden war, begann die Kontrolluntersuchung.

Während sich der Versuchsleiter im Wallzentrum aufhielt, um möglichst wenig Aufsehen zu erregen, führten die beiden Verscuhsleiterhelfer die Kontrolluntersuchung ohne vorherige Stimmungsinduzierung in oben aufgeführter Weise durch. Hier ging man davon aus, daß die Versuchspersonen sich in neutraler Laune befanden, da experimentell keine Stimmung induziert worden war. Dieser Turnus von zwei Stimmungsinduzierungen und nachfolgender Beobachtung der Hilfeleistung und von zwei Kontrolluntersuchungen ohne vorherige Stimmungsinduzierung wurde mit anschließenden Pausen (etwa fünf Minuten) sechsmal pro Tag durchgeführt. So ergab sich für jeden Tag eine Zahl von 24 Untersuchungen. Diese Pausen wurden eingeschoben, um möglichst wenig Aufmerksamkeit zu erregen. An dieser Stelle ist noch zu sagen, daß die Versuchsleiterhelfer etwa gleichen Alters, gleicher Größe und gleichen Gewichts waren und ähnliche Kleidung trugen. Beide trugen flache Schuhe, blaue Jeans, beigefarbene Oberhemden und braune Lederjacken.[1)]

In der Hauptuntersuchung wurden an drei verschiedenen Tagen jeweils 24 Versuchspersonen im Alter zwischen 20 und 60 Jahren und von mittlerem Sozialstatus nach dem Zufall ausgewählt. Insgesamt ergab sich eine Zahl von 72 Versuchspersonen, die ohne Begleitung sein mußten, da nur Einzelpersonen für das Experiment in Frage kamen. Diese 72 Versuchspersonen (36 für die Experimentalgruppe mit vorheriger Stimmungsinduzierung / 36 für die Kontrollgruppe ohne vorherige Stimmungsinduzierung) verteilten sich gleichmäßig auf die folgende experimentelle Anordnung.

Es handelt sich hier um einen 2 x 2 x 3 Versuchsplan, Untersucht wurden der Effekt von Stimmungen (positiv/neutral), der Einfluß der Rasse (schwarz/weiß) und die Wirkung von drei bestimmten Wochentagen (Samstag, Dienstag, Donnerstag) - dies waren die unabhängigen Variablen - auf Hilfeleistung - dies war die abhängige Variable.

Die Ergebnisse wurden mittels einer Varianzanalyse auf signifikante Unterschiede überprüft.

Die Hauptuntersuchung wurde wie bereits erwähnt an drei verschiedenen Wochentagen durchgeführt.

Ergebnisse und Diskussion der Ergebnisse

Die Beurteilungen über das Ausmaß der Hilfeleistung wurden auf Normalverteilung geprüft (Chi^2 für Schiefe und Exzesse). Hiernach konnte Normalverteilung angenommen werden.

---

1) In einer zweiten Voruntersuchung, bei der Photos der beiden Vl-Helfer Passanten zur Beurteilung vorgelegt wurden, zeigten sich keine Unterschiede in der Attraktivität der beiden Vl-Helfer.

Das Ausmaß der Hilfeleistung wurde in einer Varianzanalyse (SPSS, Version 6.50) auf Einfluß der Rasse, Effekt der Stimmung und Effekt verschiedener Wochentage untersucht. Dabei ergab sich:

Quelle der Varianz	Quadrat-summe	FG	Mittleres Quadrat	F	Signifikanz
Haupteffekte	3,36	4	0,84	3,56	0,01
Rasse	0,01	1	0,01	0,06	0,81
Stimmung	2,35	1	2,35	9,94	0,003
Wochentag	1,00	2	0,50	2,12	0,13
Rasse x Stimmung	0,01	1	0,02	0,05	0,81
Rasse x Wochentag	0,11	2	0,06	0,24	0,79
Stimmung x Wochent.	0,11	2	0,06	0,24	0,79
Rasse x Stimmung x Wochentag	0,11	2	0,06	0,24	0,79
Restvarianz	14,17	60	0,24		
Gesamtvarianz	17,86	71	0,25		

Entsprechend der Arbeitshypothese soll eine Tabelle der Rohdaten den Einfluß der Stimmung auf die Hilfeleistung verdeutlichen:

	gute Laune	neutrale Laune
vollständige Hilfe	11	3
Information	25	28
keine Hilfe	0	5

Schon diese Tabelle zeigt, wie stark sich die gute Laune auf prosoziales Verhalten auswirkte.

Im Sinne der Hypothese ist somit bestätigt, daß in dieser Studie gute Laune signifikant mehr prosoziales Verhalten bewirkte als neutrale Laune. Dieses eindeutige Ergebnis mag seinen Ursprung in der Art der Stimmungsinduzierung haben. Um zu ergründen, ob dieser Effekt nur bei Frauen aus Gründen der Eitelkeit auftritt, bedarf es einer Versuchswiederholung mit männlichen Versuchspersonen.

Das eindeutige Ergebnis dieses Feldexperiments ist also eine weitere Bestätigung für Isen (1970), die vom "warmen Schein des Erfolges" spricht. Befinden wir uns in guter Laune, neigen wir dazu, andere an dieser guten Laune teilhaben zu lassen und beispielsweise zu helfen. Ferner scheint die Untersuchung zu bestätigen, daß die weiblichen potentiellen Helfer durch diese Art der Stimmungsinduzierung offensichtlich doch in gute Laune versetzt wurden, denn wie hätte es sonst zu dem oben angegebenen Resultat kommen können?

Zusammenfassend bleibt festzustellen, daß sich in den Ergebnissen lediglich der Einfluß von Stimmungen auf Hilfeleistung als signifikant erwies.

Der Rasseeffekt schließlich nahm nur ein geringes Ausmaß an, so daß man behaupten kann, es ergaben sich keine Unterschiede.

Der Einfluß des Wochentages hatte zwar einen gewissen Effekt auf die Hilfeleistung, der sich aber nicht als statistisch gesichert erwies.

Auch alle Wechselwirkungen erwiesen sich als nicht signifikant.

Zum Schluß seien die Grenzen dieser Ergebnisse deutlich aufgezeigt: Diese Ergebnisse gelten nur für weibliche deutsche potentielle Helfer im Alter zwischen 20 und 60 Jahren. Wie bereits erwähnt, würden Männer eventuell anders auf die Art der Stimmungsinduzierung reagieren. Ferner gilt das Ergebnis nur für männliche Opfer, die sich in Kleidung und Attraktivität ähneln.

Es ist ebenso möglich, daß dieses Experiment an einem anderen Ort auch ein anderes Ergebnis erzielt hätte. Man kann sich vorstellen, daß zum Beispiel in Amerika, dies bestätigen auch einige Untersuchungen, der Rasseeffekt in Hinblick auf Hilfeleistung ein größeres Ausmaß annehmen würde. Diese Ergebnisse sind ebenso nur relevant für die Arten von Hilfeleistungen, die mit ähnlich geringen Kosten für den Helfenden verbunden sind. Mit steigenden Kosten mag die Hilfeleistung abnehmen, wie es in diesem Feldexperiment auch zum Ausdruck kam. Möglicherweise hat auch die Art des Stimmungsinduzierens besonders weibliche Versuchspersonen angesprochen und erzielt bei einer Übertragung dieser Methode auf männliche Versuchspersonen eventuell andere Ergebnisse (wie bereits die erste Voruntersuchung andeutete).

K. Die Darstellung von Hilfeleistung und unterlassener Hilfeleistung in der deutschen Presse[1)]

Die Erfassung prosozialen Verhaltens Ende der sechziger Jahre ist wohl z. Zt. auf eine aufsehenerregende Mitteilung zurückzuführen: den Bericht über den Mord an Kitty Genovese, bei dem keiner von weit über dreißig Zeugen half.

Sicher sind solche Ereignisse und Berichte selten. Weniger selten sind allerdings Berichte über andere Formen unterlassener Hilfeleistung wie z. B. bei Fällen von Fahrerflucht. Auch über besondere Formen helfenden Verhaltens wird in der Presse berichtet.

Eine quantitative Inhaltsanalyse von Pressemitteilungen sollte eine Reihe von Fragen klären helfen, wobei drei Zielsetzungen bestanden:

- Wie und wie oft wird (quantitativ deskriptiv gesehen) in der Presse über Hilfeleistung und unterlassene Hilfeleistung berichtet?
- Lassen sich Hypothesen, die bereits experimentell untersucht wurden (wie z. B. das Abschieben von Verantwortung bei größerer Zeugenzahl) anhand von Presseberichten bestätigen?
- Lassen sich Hinweise auf die Art der Berichterstattung über Hilfeleistung und unterlassener Hilfeleistung finden, wie z. B. bestimmte Verhaltensbewertungen?

Zum zweiten Fragenbereich wurden folgende Hypothesen aufgestellt:

1. Männer helfen häufiger als Frauen (vgl. z. B. Piliavin, Rodin und Piliavin 1969).
2. Hilfeleistung erfolgt häufiger gegenüber Personen gleichen Geschlechts.

---

1) Die folgenden Ausführungen sind zum Teil der Arbeit von Buttgereit (1979) entnommen.

3. Mit größerer Zahl der Zeugen sinkt die Hilfsbereitschaft (vgl. Latané und Darley 1970).

Zum dritten Fragenbereich wurden folgende Hypothesen aufgestellt:

4. Erfolgreiche Hilfeleistung wird häufiger positiv bewertet als erfolglose Hilfeleistung.
5. Das Verhalten von weiblichen Helfern wird häufiger positiv bewertet als das von Männern.
6. Bewertungen sind häufiger bei "Stories" und seltener bei Berichten und
7. je höher die Auflage, desto kürzer der Bericht und
8. desto mehr Stories werden gedruckt.
9. Stories werden eher über weibliche Helfer als über männliche geschrieben.
10. Über jüngere Helfer werden längere Berichte geschrieben als über ältere Helfer.

Durchführung

Im Laufe eines Jahres (1.2.76 - 31.1.77) wurden alle über den Zeitungsausschnittdienst Fleischauer, Berlin, erreichbaren Artikel über Hilfeleistung und unterlassener Hilfeleistung zusammengetragen. Hierbei handelte es sich um 946 Artikel, die sich unter folgenden Kategorien einordnen ließen:

1. Einzelfälle von Hilfeleistung durch Menschen
2. Ehrung von Helfern
3. Misshandlung von Frauen und Kindern
4. Hilfe von Tieren und an Tieren
5. Spendenverhalten
6. Anleitung zur Hilfeleistung
7. Anonyme Hilfeleistung
8. Unterlassene Hilfeleistung
9. Sonstiges.

Über Einzelfälle von Hilfeleistung wird mit Abstand am häufigsten berichtet (386 Artikel = 40,8 %). Unter diese Kategorie fallen Artikel, die z. B. mit "69 jähriger Rentner rettete Mädchen aus dem Kanal" oder "Polizist rettete Kind aus brennendem Haus" oder "Lokführer rettete Lebensmüde" überschrieben sind. Fast ebenso oft wird über unterlassene Hilfeleistung geschrieben (238 Artikel = 25,16 %). Dann folgen Artikel über die Ehrung und Auszeichnung von Helfern (145 Artikel = 15,32 %) und Hilfe von Tieren bzw. an Tieren (123 Artikel = 12,0 %). Misshandlungen von Frauen und Kindern bleiben dagegen weitgehend unbekannt. Zu diesem Thema gab es 1976 in der vorliegenden Artikelsammlung nur 16 Artikel (1,7 %), wobei die meisten davon über den Tatbestand "Misshandlung von Schwächeren und Abhängigen" berichten. Nur wenige Artikel handeln von erfolgter Hilfe gegenüber einer Frau oder einem Kind.

Ferner gibt es Artikel über anonyme Hilfeleistung und Spendenverhalten (8 Fälle = 0,8 %, 4 Fälle = 0,4 %). Andere Artikel leiten zur Hilfeleistung an (17 Fälle, 1,8 %). Diese Anleitungen beschränken sich auf Ratschläge zur Ersten Hilfe. Anregungen zum Aufba gut nachbarlicher Beziehungen, Ermutigung zum Eingreifen bei schlagenden Eltern oder Ehemännern gibt es nicht. Unter "Sonstiges" sind die verschiedensten Artikel zusammengefasst wie z. B. (9 Artikel = 0,85 %) Berichte über die Telefonseelsorge, freiwillige Krankenhaushelferinnen, über die Steiger-Stiftung etc.

Die untersuchten Artikel wurden in Anlehnung an die Definition von WHITE (1967) - prosoziales Verhalten als Hilfsbereitschaft in alltäglichen Situationen - aus der Gruppe "Einzelfälle" und "unterlassene Hilfeleistung" ausgewählt. Die Gruppe "Ehrung" wurde dabei nicht berücksichtigt, weil bei diesen Artikeln die Hilfeleistung hinter den Bericht über die Auszeichnung des Helfer zurücktritt. Entsprechend den Hypothesen wurden nur Artikel mit einem Helfer und einem Opfer untersucht. Für die Artikel über unterlassene Hilfe galt als Auswahlkriterium, daß sie meist sehr kurz sind und deshalb inhaltsarm, daß mindestens die Angaben über das Opfer, wie Alter, Geschlecht, Zustand, vollständig waren.

Nach diesen Kriterien blieben für die Auswertung 188 verschiedene Artikel übrig, davon 115 zur Hilfeleistung. Die in den Hypothesen genannten Merkmale sowie einige weitere, wie z. B. Länge des Artikels, wurden operationalisiert (vgl. Buttgereit 1979, S. 57-67), die Daten wurden verkodet; die statistische Verarbeitung der Daten erfolgte im Rechenzentrum GH Duisburg. Dabei wurden Programme aus den Programmpaketen "Statistical Package for the Social Science" SPSS (NIE et al, 1975) verwendet.

Deskriptive Ergebnisse zur Hilfeleistung

Pro Monat gab es im Durchschnitt 7,31 Artikel. Die Zeitungsausschnitte verteilten sich folgendermaßen auf Zeitungen und Wochenzeitschriften:

Tageszeitungen	83 (72,2 %)
Zeitschriften	32 (27,8 %)

Von den 115 ausgewählten Artikeln sind 62 (53,9 %) Stories und nur etwas weniger, nämlich 53 (46,1), sind Berichte. Sie sind durchschnittlich 75,64 Zeilen lang. Die kürzesten Artikel bestehen aus nur 7 Zeilen.

Die Auflagenhöhe weist einen Mittelwert von 747,174 auf. Auffällig ist, daß es eine Häufung von 21 Artikeln mit einer Auflagenhöhe von 140.000 gibt. Diese Häufung wird durch die Zeitung "Neues Blatt" verursacht.

Eine erste Aussage über den Inhalt erhält man durch die Variable "Berichterstattung" mit ihren Ausprägungen "glaubwürdig" und "unglaubwürdig". Von den 115 Artikeln wurden nur zwei als "unglaubwürdig" klassifiziert.

Es sind hauptsächlich Männer, die Hilfe leisten: 97 (84,3 %). Die Frauen sind mit einer Minderheit von nur 18 (15,7 %) Helferinnen vertreten. Die Helfer lassen sich zu fast gleichen Teilen in allen Berufsgruppen finden.

Bei 40,0 %, also 46 Artikeln, wurden keine Angaben über die Berufszugehörigkeit gemacht.

Die durchschnittliche Artikellänge - Berufsgruppen

Berufe der Helfer	Durchschnittl. Artikellänge	Anzahl der Fälle
Arbeiter, Handwerker	66,61	18
Angestellte, Beamte	73,47	19
Schüler, Auszubild.,Stud.	118,47	17
Selbständige, Sonstige	97,33	15

Von den 46 Artikeln ohne Berufsangabe entfallen 11 auf Berichte, in denen Frauen helfen. Berufsangaben über Frauen sind gering. Nur von 7 der 18 Helferinnen wird der Beruf genannt. Die 7 Helferinnen "mit Beruf" sind in verschiedenen Berufen zu finden.

Durchschnittlich beträgt das Alter des Helfers 28,39 Jahre. Die Standardabweichung liegt bei 18,79. Der jüngste Helfer ist 5 Jahre, der älteste 75 Jahre alt. Auffällig viele Helfer gibt es im Alter zwischen 7 und 19 Jahren.

Über den Zustand der Helfer gibt es bei 77 (67 %) Fällen keine Angaben. 10 (8,7 %) der Helfer haben harmlose Unfallfolgen davongetragen. Ebenfalls 12 (10,4 %) erlitten leichte Verletzungen. Die Verfassung von 16 (13,9 %) war kritisch, sie waren entweder schwer verletzt oder erlagen ihren Verletzungen.

Ein Grund dafür, daß es in den genannten 77 Fällen keine Angaben über den Zustand der Helfer gibt, liegt vielleicht in der Artikellänge. Das Mittel für diese Artikel ist auffallend geringer als für die Artikel, die über den Zustand berichten.

Gibt es eine Bewertung der Hilfeleistung, so ist sie bei 52 (45,2 %) der Fälle positiv und nur zweimal negativ (1,7 %).

Es wurden 72 (62,6 %) Männer und 41 (35,7 %) Frauen geholfen. Für zwei Opfer fehlte die Geschlechtsangabe. Auch die Opfer gehören ungefähr gleich verteilt allen Berufsgruppen an.

In 81 (70,4 %) der Fälle liegen jedoch keine Berufsangaben vor.

Das jüngste Opfer war 3 Jahre, das älteste 92 Jahre alt. Es gab insgesamt zu 98 (85 %) Fällen Altersangaben. Das Durchschnittsalter betrug 23,44 Jahre.

In 34 (29,6 %) der Artikel erfährt der Leser nichts über den Zustand des Opfers. Bei den Helfern sind es gut das Doppelte an fehlenden Angaben: 76 Fälle (66 %). Das überrascht nicht, denn Hauptfigur in einem Artikel über Hilfeleistung ist in der Regel das Opfer. 20 (17,4 %) der Fälle gehören zu der Gruppe der Schwerverletzten oder Verstorbenen, 51 (44,3 %) erlitten leichte Verletzungen, und nur für 10 (8,7 %) ging der Unfall mit harmlosen Folgen aus.

Genauso wie bei den Helfern sind auch bei den Opfern die Artikel, in denen nichts über ihren Zustand steht, kürzer als die, in denen Angaben gemacht werden.

Das Verhalten der Opfer wird nicht kritisiert, es gibt nur zweimal eine negative Bewertung (1,7 %).

Die Berichterstattung in den übrigen 113 Artikeln (98,3 %) bleibt, was eine Bewertung der Opfer angeht,neutral.

Meistens kennen sich Opfer und Helfer nicht: 70 Fälle (60,9 %). Bei immerhin 45 (39,1 %) aller Fälle liegen Bekanntschaft oder Verwandtschaft vor. Hilfeleistung unter Verwandten sieht folgendermaßen aus:
In 101 (87,8 %) der Fälle geht für die Helfer das Unglück gut aus. In 105 (91,3 %) der Fälle war das für die Opfer der Fall. 14 (12,2 %) Helfer und 10 (8,7 %) Opfer überlebten den Unfall nicht.

Ob es Zeugen bei einem Unfall gab, ist nur in 45 (39,1 %) Artikeln erwähnt. Genaue Zahlenangaben gibt es über die Zeugen leider nicht.

Prüfung der Hypothesen

Hypothese 1:
Männer halfen häufiger als Frauen: 95 : 18, $p < 0{,}01$, Binomialtest.

Dieses Ergebnis entspricht der experimentellen Forschung, allerdings ist vor einer Überinterpretation zu warnen, da unbekannt ist, ob Männer und Frauen die gleiche Chance zur Hilfeleistung hatten. Unter Passanten z. B. dürften Männer überrepräsentiert sein.

Hypothese 2:
Hilfeleistung erfolgt häufiger gegenüber Personen des gleichen Geschlechtes.

Geschlecht/Helfer	Geschlecht Opfer männlich	Geschlecht Opfer weiblich	Gesamt
männlich	59	36	95
weiblich	14	4	18
Gesamt	73	40	113

Chi^2 = 1, 01; FG = 1; n.s.

Die Ähnlichkeitshypothese hat sich nicht bestätigt. Aber auch bei einer Bestätigung - Alter des Helfers und Alter des Opfers korrelieren z. B. zu $r = +0{,}35$; $p < 0{,}01$ - läßt sich über den Helfer wenig sagen, da die Notsituationen zu ungenau beschrieben sind.

Hypothese 3:
Mit größerer Zahl der Zeugen sinkt die Hilfsbereitschaft.

Diese Hypothese ließ sich leider nicht prüfen, da Angaben über anwesende Zeugen nur in Ausnahmefällen gemacht wurden.

Hypothese 4:
Erfolgreiche Hilfeleistung wird häufiger positiv bewertet als erfolglose Hilfeleistung.

Bewertung des Helfers	Ausgang für das Opfer		Gesamt
	positiv	negativ	
positiv	51	1	52
negativ	1	1	2
Gesamt	52	2	54

Chi^2 = 2,64; FG = 1; n.s.

Hypothese 5:

Das Verhalten von weiblichen Helfern wird häufiger positiv bewertet als bei männlichen Helfern.

Geschlecht des Helfers	Bewertung d. Helfers		Gesamt
	positiv	negativ	
männlich	39	1	40
weiblich	13	1	14
Gesamt	52	2	54

Chi^2 = 0,009; FG = 1; n.s.

Hypothese 6:

Bewertungen sind häufiger bei Stories und seltener bei Berichten.

Form	Bewertung	keine Bewertung	Gesamt
Bericht	15	38	53
Story	39	23	62
Gesamt	54	61	115

Aus der Tabelle läßt sich ablesen, daß die Hypothese bestätigt werden konnte:

Chi^2 = 26,39; FG = 1; $P < 0,001$

Hypothese 7:
Wenn die Zeitung mit hoher Auflage erscheint, dann ist die Berichterstattung kürzer: $r = + 0,50$; $p < 0,01$.

Bei der Formulierung dieser Hypothese war die "BILDZEITUNG" das Vorbild. Bekanntlich sind in dieser Tageszeitung die Artikel stets sehr kurz. Doch H_1 mußte zurückgewiesen werden, denn es ist wahrscheinlich genau das Gegenteil der Fall: Hohe Auflage bedeutet auch lange Artikel. Maßgeblich für die hohe positive Korrelation waren wohl längere Stories aus illustrierten Zeitschriften mit hoher Auflage.

Hypothese 8:
Wenn die Zeitung oder Zeitschrift mit hoher Auflage erscheint, sind eher Stories als Berichte zu finden: $t = 7,16$; $p < 0,01$; d. h. die Hypothese wurde bestätigt.

Hypothese 9:
Stories werden eher über weibliche Helfer als über männliche geschrieben.

Form	Geschlecht des Helfers männlich	weiblich	Gesamt
Bericht	44	8	52
Story	53	10	63
Gesamt	97	18	115

$Chi^2 = 0,35$; FG = 1; n.s.

Diese Hypothese konnte in dieser allgemeinen Form nicht bestätigt werden.

Hypothese 10:
Über jüngere Helfer werden längere Berichte geschrieben als über ältere Helfer:
$r = - 0,05$; $N = 98$; n.s. Auch diese Hypothese fand keine Bestätigung.

Unterlassene Hilfeleistung

Unter den 73 untersuchten Fällen von unterlassener Hilfeleistung gibt es keine einzige Story. Durchschnittlich sind die Artikel 33,40 Zeilen lang. Nur zwei Artikel entstammen Zeitungen mit der hohen Auflage von 4.366.000. Es sind "Bildzeitungs-" Artikel.

Die meisten Berichte sind aus Blättern mit einer Auflage zwischen 19.000 und 23.000.

Insgesamt verweigerten 67 (91,8 %) Männer und 3 (4,1 %) Frauen und 3 Personen (4,1 %) ohne Geschlechtsangabe die Hilfe.

Die Altersangabe für die unwilligen Zeugen liegen nur in 20 Fällen vor, also hochsignifikant ($Chi^2 = 35{,}5$; $FG = 1$; $p < 0{,}001$) seltener als für die Helfer. Das Durchschnittsalter beträgt 34,70 Jahre. Der jüngste Zeuge ist 17 Jahre, der älteste 64 Jahre alt.

56, also 76 %, aller potentiellen Helfer waren gleichzeitig auch die Verursacher der Notlage. In nur 17 Fällen (23,3 %) waren sie an dem Unglücksfall nicht schuld.

Die potentiellen Helfer waren der Polizei oder anderen Zeugen in 36 Fällen (49,3 %) bekannt. In 37 Fällen (50,7 %) kannte sie niemand. Gefaßt wurden 30 (41,1 %) der verantwortungslosen Zeugen. 43 (58,9 %) Personen waren bei Erscheinen des Artikels noch unbekannt.

Die Personen, die Hilfe verweigerten, wurden so gut wie gar nicht kritisiert. In nur 3 (4,1 %) Artikeln wird ihr Verhalten verurteilt.

In den anderen 70 Artikeln (95,9 %) wurden nur die Fakten des Ereignisses wiedergegeben.

Opfer in den geschilderten Unglücksfällen waren 55 Männer (75,39 %) und 17 (23,3 %) Frauen. Bei einem Opfer fehlten die Geschlechtsangaben. Für 28 Opfer gibt es keine Altersangaben, die übrigen 45 haben ein Durchschnittsalter von 40,53 Jahren. Der jüngste Hilfsbedürftige war 5 Jahre, der älteste 86 Jahre alt.

In 12 Fällen (16,4 %) kannten sich potentieller Helfer und Betroffener. Sonst (61 Fälle, 83,6 %) waren sie sich fremd.

Nur in 15 Fällen (20,5 %) waren außer dem potentiellen Helfer auch noch andere Personen Zeugen des Unfalls. In 58 (79,5 %) aller Fälle war der Helfer mit dem Verunglückten allein.

Bei den Unfallarten, bei denen Hilfe unterblieb, überwiegt der Verkehrsunfall mit 60 (82,2 %) Fällen, gefolgt von Krankheit (9 Fälle, 12,3 %) und sonstigen Notfällen (4 Fälle, 5,5 %), wie z. B.

Unfallart	Anzahl der Fälle	Prozent
Verkehrsunfall	60	82,2 %
Krankheit	9	12,3 %
Sonstiges	4	5,5 %

Art der Unfälle

Keiner der ausgewählten Artikel entstammt einer Wochenzeitung.

Prüfung der Hypothesen

Hypothese 1:
Wenn bei einem Unglück nicht geholfen wird, sind es mehr Männer als Frauen, die nicht eingreifen.
67 : 3; $p < 0{,}01$; (Binomialtest)

Dieses Ergebnis steht in Widerspruch zu der bestätigten Hypothese - Männer helfen häufiger als Frauen.

Diese gegensätzlichen Ergebnisse lassen sich damit erklären, daß sich wahrscheinlich mehr Männer als Frauen unterwegs befinden, daß mehr Männer als Frauen am Straßenverkehr beteiligt sind und daß mehr Männer als Frauen berufstätig sind und deshalb, weil sie sich außer Haus befinden und auch eher in die Lage geraten können, Zeuge eines Unglücks zu werden.

Wünschenswert wären zur Überprüfung dieser Vermutungen Informationen darüber, zu welcher Zeit und wo sich ein Unglück ereignet hat.

Hilfeleistung und unterlassene Hilfeleistung - ein Vergleich

Hypothese 1:
Wenn ein Opfer besonders hilflos ist, bekommt es weniger Hilfe als wenn sein Zustand unbedenklich ist.

	Zustand des Opfers				Gesamt
	keine Angabe	harmlos	leicht	schwer	
Hilfeleistung	34	10	51	20	115
unterlassene Hilfeleistung	4	8	30	31	73
Gesamt	38	18	81	51	188

$Chi^2 = 26{,}34$; FG = 3; $p < 0{,}01$

Hypothese 2:
Wenn Zeugen anwesend sind, kann der Betroffene eher auf Hilfe hoffen, als bei Abwesenheit von Zeugen.

	Zeugen		Gesamt
	nein	ja	
Hilfeleistung	70	45	115
unterlassene Hilfeleistung	58	15	73
			188

$Chi^2 = 6{,}27$; FG = 1; $p < 0{,}01$

Hypothese 3:
Wenn unterlassene Hilfe vorliegt, haben Unfälle eher tödlichen Ausgang (Zustand) als bei erfolgter Hilfe.

	Zustand des Opfers			
	keine Angabe	harmlos	leicht	schwer
Hilfeleistung	34	10	51	20
unterlassene Hilfeleistung	4	8	30	31

$Chi^2 = 26{,}34$; FG = 3; $p < 0{,}01$

Interpretation und Diskussion der Ergebnisse

Hypothese 1 hat sich bestätigt. Der Korrelationskoeffizient von r = .35 deutet auf einen Zusammenhang der Variablen "unterlassene Hilfeleistung" und der Variablen "Zustand"des Helfers, Ausprägung "schwert verlezt" hin.

Der Widerspruch, daß jemand, wenn er besonders hilflos ist, gerade keine Hilfe bekommt, hat sich bestätigt (siehe LOCK, 1975, S. 70).

Die zur Unterstützung von Hypothese 1 formulierte Hypothese 3 bestätigte sich allerdings nicht im erwarteten Sinne. "Alter" kann offenbar nicht als ein Indiz für "Hilflosigkeit" angesehen werden.

Hypothese 4 ließ sich bestätigen. Schwere Verletzungen oder tödlicher Unfallausgang sind bei unterlassener Hilfeleistung häufiger als bei Hilfeleistung.

Das Opfer ist schwer verletzt oder tot
- bei erfolgter Hilfe in 17,4 %
- bei unterlassener Hilfe in 42,5 %.

Der Grund für dieses Ergebnis könnte der sein, daß meistens im Straßenverkehr nicht geholfen wird. In 60 von 73 Fällen, also in 82,2 % aller Fälle, ereignete sich das Unglück auf der Straße und Hilfe unterblieb. Bei der Hilfeleistung gibt es nur in 15,7 % der Fälle Verkehrsunfälle, die anderen Unfallarten scheinen nicht so schwerwiegend zu sein und machen die Entscheidung für das Helfen deshalb leichter.

Die Beziehungen der Variablen "Zeugen" und "Hilfeleistung", "Unterlassene Hilfeleistung" sind hochsignifikant, $p < 0{,}01$ (Hypothese 2)

Die Signifikanz bezieht sich aber sicher nicht auf die Vermutung, daß es zwischen unterlassener Hilfeleistung und der Anwesenheit von Zeugen einen Zusammenhang gibt. Will man die Ablehnung der Hypothese 2 nicht gleichzeitig als Ablehnung der gleichlautenden Hypothese von DARLEY & LATANE (1968) verstehen, könnte man als Grund für das Ergebnis die Informationsarmut der Artikel anführen. Über Zeugen wird nur selten berichtet. Oft wird diese Information auch wegen der Kürze des Artikels, oder weil es dem Berichterstatter bedeutungslos erscheint, einfach weggelassen. Ob es bei den 128 Fällen, die unter der Rubrik "keine Zeugen" stehen, wirklich keine Zeugen gab, bleibt leider unbekannt.

Es konnten leider nur sehr wenige Variablen von Hilfeleistung und unterlassener Hilfeleistung verglichen werden, weil die Artikel über unterlassene Hilfeleistung als wichtigsten Unterschied zu denen über Hilfeleistung sehr viel kürzer sind und deshalb viel weniger Informationen enthalten.

Auch bei der "Form" haben die Artikelgruppen wenig gemeinsam. So gibt es keine einzige Story über verweigerte Hilfe.

Abschließende Bemerkungen

Hilfeleistung wird gern als Stoff für "wahre Geschichten" in Blättern der Regenbogenpresse verwendet. Aber im großen und ganzen findet man zur Darstellung von prosozialem Verhalten kürzere oder längere Reihungen von Fakten ohne eine Stellungnahme des Schreibers. Er hält sich mit seiner Kritik auch dort zurück, wo nicht geholfen wurde. Bewertet wird - ganz im Sinne der Lerntheorie - das erwünschte Verhalten, das unerwünschte - nicht helfen - wird ignoriert, indem es nicht beurteilt wird. Unbeabsichtigt bekommen die Artikel so eine erzieherische Komponente, doch ob sie verhaltensändernde Wirkungen beim Leser haben, ist fraglich. Die Artikel sind so unscheinbar und so alltäglich, daß man sie schon fast übersieht. Einstellungen können sie kaum ändern; Hilfsbereitschaft ist hoch erwünscht, die Artikel bestätigen dies nur immer wieder.

III. ANSÄTZE ZUR FÖRDERUNG KOOPERATIVEN VERHALTENS

A. Eine Maßnahme zur Steigerung sozialer Verantwortung am Beispiel "Kindesmißhandlung"

Viele Forscher, die sich mit dem Phänomen der Kindesmißhandlung befaßt haben, haben auf das Problem der unterlassenen Hilfe und die Notwendigkeit einer Erziehung zur sozialen Verantwortung hingewiesen.
Um zu erproben, wie Erziehung zur Verantwortung geschehen kann, wurde folgend Untersuchung durchgeführt[1], die als Beispiel für weitere pädagogische, empirisch kontrollierte Maßnahme dienen kann.

---

1 Diese Studie wurde von Frau stud. päd. Jutta Stuhlemer durchgeführt.

Forderung einer Erziehungslehre

Angesichts der unzureichenden Information über Kindererziehung für Eltern stellt sich die Frage, ob diesem Mangel durch eine Erziehungslehre , d.h. durch einen intensiven Unterricht vermittelte pädagogische Kenntnisse, in positiver Form entgegengekommen werden kann.
Schließlich sind Eltern schlecht oder gar nicht auf ihre Pflichten vorbereitet. Daß sich nur solche Eltern für Angebote von Volkshochschulen und anderen Einrichtungen interessieren, die ohnehin also auf ihre Erziehungsaufgaben vorbereitet sind, ist eine bekannte Tatsache. Um dem entgegenwirken zu können, ist zu erwägen, das Fach Erziehungslehre in den Schulen einzuführen. Dieses Fach gibt es bislang nicht. In den Richtlinien für Sonderschulen für Lernbehinderte taucht im Fach Sexualkunde ansatzweise Erziehungslehre auf. Das gleiche gilt für die Fächer Geschichte, Geographie, Politik, ev. und kath. Religionslehre und für den Deutschunterricht.
Die Richtlinien sehen also eine Vorbereitung auf Ehe und Familie vor, ein eigenständiges Fach Erziehungslehre würde aber dem Problem gerechter werden.

Das Problem der Kindesmißhandlung

Der Tatbestand "Kindesmißhandlung" taucht das erste Mal 1933 in der Rechtssprechung auf. Der Begriff ist im Gesetz nicht eindeutig definiert, was die Erfassung der vorliegenden Fälle schwierig macht.
Die Dunkelziffer bei Kindesmißhandlung wird auf 90 % geschätzt. Strafanzeige erfolgt zu 25,29 % durch Nachbarn und nur zu 4,70 % durch Ärzte. Der Aufdeckung von Mißhandlungsfällen stehen Gesetze im Wege, wie z.B. das Elternrecht (Kinder dürfen nur mit Erlaubnis ihrer Eltern Aussagen machen).

Die Täter kommen aus allen Altersgruppen (hauptsächlich drittes Lebensjahrzehnt). Zum Obergewicht eines der Geschlechter gibt es unterschiedliche Aussagen in der Literatur.
Die soziale Entwicklung der Täter war zumeist gestört (oft schwere Mißhandlung im Elternhaus), sie haben meistens Hauptschulabschluß und zeigen gerade ausreichende oder nur schwache Leistungen. Beruflich sind sie als Arbeiter oder Hilfsarbeiter tätig.
Zur Tatzeit sind die sozio-ökonomischen Verhältnisse in den betroffenen Familien oft bedrückend. Vielfach liegt die Kinderzahl dort über dem Durchschnitt.
Kindesmißhandlung wird fast nur in dem oben geschilderten Milieu aufgedeckt, sie kommt aber auch in anderen sozialen Schichten vor, nur wird sie dort geschickter vertuscht.

Opfer sind Kinder von null bis etwa 13 Jahre. Vorschulkinder 64 %, 6 bis 9 Jahre 23 %, 10 bis 13 Jahre 12,2 %. Am häufigsten sind Kinder im vierten Lebensjahr betroffen. Uneheliche, Stief-, Adoptiv-, Pflegekinder, Erst- und Letztgeborene, ungewollte und behinderte Kinder sind am meisten gefährdet.
Tatmotive lassen sich nicht an Persönlichkeitsmerkmalen festmachen. Meist sind es gesellschaftliche Faktoren, die über die individuelle Schuld hinaus, eine entscheidende Rolle für die Tat spielen. Ferner sei hier auf den Stellenwert der Prügelstrafe hingewiesen.

Entwurf einer Unterrichtseinheit

Der Unterrichtsreihe über Kindesmißhandlung liegt das Strukturmodell von Schulz/Heimann zugrunde, nach dem Planung und Durchführung folgenden Rubriken zugeordnet sind:

a) Anthropogene und sozial-kulturelle Voraussetzung

- die soziale Lage und die besondere Entwicklung der Kinder als Lernbehinderte wird dargestellt und für die weitere Unterrichtsplanung berücksichtigt

b) Thematik

- Der Inhalt von Punkt II unter besonderer Berücksichtigung der Prügelstrafe werden unter der Rubrik Thematik vereint

c) Intentionen

- Grobziele
  - -- Die Schüler sollen zu Stellungnahme und Urteil herausgefordert werden
  - -- Das Problem der Kindesmißhandlung soll in das Blickfeld der Kinder gerückt werden
  - -- Die Schüler sollen das Problem der Strafe in der Erziehung intellektuell erfassen
  - -- Die Kinder sollen - unter besonderer Berücksichtigung der körperlichen Strafe - die Unterschiede der verschiedenen Strafformen und deren mögliche Folgen nennen können
  - -- Die Schüler sollen die Gefahr des Strafmißbrauchs erkennen und das Problem der Kindesmißhandlung intellektuell erfassen
  - -- Es sollen den Schülern vor allem Kenntnisse über die Ursachen der Mißhandlungen und über Maßnahmen zur Verhinderung des Delikts vermittelt werden

-- Es sollen aber nicht nur kognitive Lernprozesse angeregt werden, sondern auch emotionale, indem die Schüler von den Wirkungen, die zitierte Berichte über die Kindesmißhandlung ausüben, innerlich bewegt werden

-- Die Schüler sollen die Einsicht gewinnen, daß nur "logische Strafen" in der Erziehung am wirkungsvollsten sind, da nur durch sie ein gewünschtes Verhalten entwickelt wird

d) Methodik

- Dem Unterricht liegt das elementarhaft-synthetische Verfahren zugrunde
- die fragend-entwickelnde Methode, das gelenkte Unterrichtsgespräch liegt vor
- es ist eine halbkreis- oder hufeisenförmige Sitzordnung vorgesehen

e) Medien

- Hauptmedium ist die Sprache, hinzu kommt die Wandtafel

f) Verlaufsplanung

- In einem Unterricht, in dem Sprache als Hauptmedium vorherrscht, ist es nicht möglich, Lehrer- und Schülerverhalten vorauszuplanen. Die ausführliche Verlaufsplanung ist also nur als Gedächtnisstütze für den Lehrer anzusehen.

Versuchsplan

Hypothesen (einseitig gerichtet):

1. Es kommt zu einem Wissenszuwachs der Schüler in der Experimental-Gruppe gegenüber der Kontroll-Gruppe

2. Bei den Schülern der Experimental-Gruppe wird es zu einer positiveren Einstellung als bei der Kontroll-Gruppe kommen; das heißt zu stärkerer Einstellung gegen Kindesmißhandlung.

Versuchsanordnung

	1. Tag	2. Tag	3. Tag	4. Tag	5. Tag
EG	Vt (= Fr)	1. Ustd.	2. Ustd.	3. Ustd.	Nt (= Fr)
KG	Vt (= Fr)	-	-	-	Nt (= Fr)

EG = Experimental-Gruppe
KG = Kontroll-Gruppe
Vt = Vortest
Nt = Nachtest
Fr = Fragebogen
Ustd. = Unterrichtsstunde

Fragebogen

Vor- und Nachtest erfolgten in Form einer Befragung mittels Fragebogen. Er gliedert sich in

a) Fragen zur Einführung in die Thematik (1 - 6)
b) Wissensfragen (8 - 11; 13 - 16; 14 - 20)
c) Einstellungsfragen (7; 12; 17; 18 und 20)
d) Fragen zur Person

Es gibt nur fünf offene Fragen aus Rücksicht auf die Schwierigkeiten der Schüler im schriftlichen und verbalen Bereich. Durchführungs- und Auswertungsobjektivität sind durch genaue Instruktionen (Einführung) am Anfang und Ende der Unterrichtsreihe und die Form der Fragen als Mehrfachwahlaufgaben gewährleistet.

Verlaufsplanung

- Verlaufsplanung für beide Gruppen am ersten Tag:

  Der Fragebogen wird vom Lehrer in die Experimental- und Kontroll-Gruppe eingeführt und mit seiner Unterstützung von allen Schülern bearbeitet

- Verlaufsplanung für beide Gruppen am fünften Tag:

  Der Fragebogen wird wie am ersten Tag vorgelegt und bearbeitet.

Bewertungsskala für den Fragebogen:

Für Wissens- und Einstellungsfragen gibt es einen Punkt pro richtige Antwort.

Durchführung der Versuchsplanung

Die Untersuchung wurde an einer Sonderschule für Lernbehinderte in Essen Anfang Juli 1976 durchgeführt.

Bearbeitung des Fragebogens in der Kontroll-Gruppe:

Am ersten Tag nahmen 15 Vpn (7 Jungen und 8 Mädchen) an der Befragung teil. Die Schüler fanden einige Fragen schwierig. Sie brauchten bei der zweiten Bearbeitung des Fragebogens am fünften Tag fast ebenso lange (45 Min.) wie am ersten Tag (40 Min.).

Bearbeitung des Fragebogens in der Experimental-Gruppe:

Am ersten Tag nahmen 16 Vpn (9 Jungen und 7 Mädchen) an der Befragung teil. Die erste Bearbeitung dauerte 45 Minuten, die zweite nur noch 30 Minuten.

Verlauf der Unterrichtseinheit:

Alle oben erwähnten Lehr- und Lernziele können entsprechend dem Unterrichtsverlauf als erreicht angesehen werden.

Wirkungen der Unterrichtseinheit

Im Vortest wurde ermittelt, daß es keine signifikanten Unterschiede zwischen Kontroll-Gruppe und Experimental-Gruppe gab, bzgl. Wissenstand und Einstellungen. Dazu wurde der Mann-Whitney-U-Test verwendet.
Bei der Kontroll-Gruppe läßt sich kein Zuwachs entgegen dem Vortest nachweisen (Wilcoxon-Test). In der Experimental-Gruppe stieg dagegen das Wissen nach der Durchführung der Unterrichtseinheit an ($N = 13$; $T = 1{,}5$; $p < 0.005$).
Es erfolgte in der Kontroll-Gruppe keine Einstellungsänderung (Wilcoxon-Test nicht sign).
Die Einstellung in der Experimental-Gruppe ist entgegen dem Vortest dagegen positiver geworden ($N = 11$; $T = 0$; $p < 0.005$).
Es verwundert daher auch nicht, daß der Zuwachs von Wissen und die Veränderung der Einstellung in der Experimental-Gruppe gegenüber der Kontroll-Gruppe stärker war ($U = 23$; $p < 0.001$ bzw. $U = 38$; $p < 0.o1$).

Diskussion und Ratschläge für weitere Untersuchungen

Die erfolgreiche Durchführung der Unterrichtsreihe über Kindesmißhandlung führte zur Bestätigung der beiden Haupthypothesen auf einem sehr hohen Signifikanzniveau ($p < 0.01$; $p < 0.001$).
Als Ursache dafür kann sicher der Einfluß des Unterrichts angesehen werden.

Daß die Durchführung einer Erziehungslehre in der Schule grundsätzlich durchführbar und von seiten der Schüler interessiert aufgenommen und offenbar auch gewünscht wird, deutet sich mit der vorliegenden Untersuchung beispielhaft an.
Ferner zeigt die Studie, daß mit durchdachten Unterrichtseinheiten das Wissen um Kindesmißhandlung bei Schulabgängern gefördert und damit vermutlich ein Weg zur Prävention von Mißhandlungen erfolgreich beschritten werden kann. Langfristige und repräsentative Untersuchungen, die konkrete Wege zur Erziehung zu sozial verantwortlichem Handeln aufweisen, wären zu wünschen.

B. Eine Jugendfreizeit mit deutschen und griechischen Kindern

In der Zeit vom 24.3. bis 13.4.1975 wurde auf der Insel Terschelling in Holland eine gemeinsame Freizeit mit 20 deutschen und 13 griechischen Kindern, letztere aus Familien ausländischer Arbeitnehmer in der Bundesrepublik, durchgeführt.

Entsprechend dem Untersuchungsziel wurde ein ausführliches Begegnungs-, Interaktions- und Informationsprogramm mit Hilfe von sechs Pädagogen als Betreuern (darunter ein Grieche) intensiv vorbereitet und in etwa planmäßig durchgeführt[1]).

Die Kosten des Heimaufenthaltes trugen der Kreis Heinsberg, die Stadt Heinsberg, der Caritasverband Aachen und die Eltern der Kinder.

Als Arbeitshypothesen dienten u.a. die Erwartung des Abbaus von Vorurteilen, der Zunahme von Kenntnissen über das andere Land, die Zunahme von positiven Sozialbeziehungen zwischen Kindern verschiedener Länder.

---

1 Die wissenschaftliche Leitung der Maßnahme lag beim Autor, die pädagogische Leitung hatte dankenswerterweise Dr. Hansjosef Buchkremer, Pädagogische Hochschule Rheinland, Abt. für Heilpädagogik, Köln, übernommen.

Vorarbeiten

Neben einer intensiven Schulung der Betreuer wurde die Entwicklung von Fragebögen als wichtig angesehen.

Es wurde daher ein Fragebogen entwickelt, der Kenntnisse über griechische Gastarbeiter, die Intensität des Kontaktes zu ausländischen Kindern und verschiedene Einstellungen zu Gastarbeitern erfassen sollte. Dieser Fragebogen wurde analog ins Griechische übertragen (Kenntnisse über Deutsche, Kontakt zu Deutschen und Einstellungen zu Deutschen).

In einer Voruntersuchung bekamen 62 deutsche Kinder die deutsche und 37 griechische Kinder die griechische Version zur Beantwortung vorgelegt. Es handelte sich dabei um Kinder, die nicht an der Freizeit teilnahmen, aber etwa gleich alt waren und im gleichen Einzugsgebiet wohnten.

Für die heterogenen Einstellungsitems wurde keine Skala gebildet, jedoch für Kenntnis und Kontakt. Die Trennschärfen erwiesen sich als gut bis befriedigend.

Die Zuverlässigkeiten (Cronbach Alpha) betrugen

Deutsche Version	Kenntnis	= 0,589
Deutsche Version	Kontakt	= 0,577
Griechische Version	Kenntnis	= 0,436
Griechische Version	Kontakt	= 0,388

Die Kontakt- und Kenntnisskalen korrelierten weder bei den griechischen noch bei den deutschen Kindern miteinander (Pearson-Korr. nicht signif.). Auch unterschieden sich Jungen in beiden Stichproben bei beiden Skalen nicht im durchschnittlichen Gesamtpunktwert (t-Test nicht signif.).

Durchführung

Über die Durchführung der Maßnahme liegt ein umfangreicher Verlaufsbericht einer Teilnehmerin vor, der hier nicht wiedergegeben werden soll.

Zu Beginn und am Ende der Freizeit füllten zwar alle Kinder den beschriebenen Fragebogen aus, um Einstellungsänderungen feststellen zu können. Es zeigte sich jedoch, daß mehrere Kinder aufgrund ihres Alters oder ihrer Lernbehinderung nicht zum Ausfüllen in der Lage waren. Interessanterweise deutete sich auch an - vor allem am Ende der Freizeit -, daß die "anderen Kinder" keineswegs eindeutig als Gastarbeiter-Kinder wahrgenommen wurden.

Ergebnisse

Kurzgefaßt läßt sich sagen, daß die Freizeit nur teilweise als Erfolg angesehen werden kann. Aus Kostengründen mußte die Freizeit mit benachteiligten Kindern durchgeführt werden, was wiederum die planmäßige Durchführung beeinträchtigte. So hatten sich die Betreuer intensiv um einige verhaltensgestörte deutsche Kinder zu kümmern. Andererseits zeigte sich, in einer für die Betreuer eindrucksvollen Weise, daß die Verständigungsschwierigkeiten zwischen deutschen und griechischen Kindern gering waren: Alle griechischen Kinder sprachen gut deutsch; manche griechischen Kinder bezeichneten sich als Deutsche und manche deutschen wiesen den Gedanken von sich, die anderen Kinder seien "Gastarbeiterkinder". Jedoch, an Verständnis, an Kenntnissen und Einfühlungsvermögen bezüglich der Griechen fehlte es den Deutschen weitgehend. Die zahlreichen interaktionspädagogischen Maßnahmen erwiesen sich jedoch z.T. als brauchbar zur Förderung sozialer Integration. Hier sollten weitere, längerfristige Maßnahmen ansetzen.

IV. Literaturangaben

ADAMS, J.S.: Inequity as social exchange. In: L.BERKOWITZ (Ed): Advances in experimental social psychology. Vol. II, New York: Academic Press, 1965, S. 267 - 299.

ADERMANN, D.: Elation, depression, and helping. Journal of Personality and Social Psychology, 1972, 24, S. 91 - 101.

ADERMANN, D.; BERKOWITZ, L.: "Observational set, empathy and helping". Journal of Personality and Social Psychology, 1970, 14, S. 141 - 148.

BABAD, E.Y.: SES differences in effects of brief social satiation. J. Psychology, 1974, 88 (1), S. 153 - 164.

BERKOWITZ, H.; BUTTERFIELD, E.C. und ZIGLER, E.: The effectiveness of social reinforcers on persistance and learning tasks following positive and negative social interactions. J. Person. soc. Psychol., 1965, 2, S. 706 - 714.

BERKOWITZ, L.; CONNOR, D.H.: "Success, failure, and social responsibility". Journal of Personality and Social Psychology, 1966, 4, S. 664 - 669.

BLEVIS, G.A.; MURPHY, T.: "Feeling good and helping: Further phonebooth findings". Psychological Reports, 1974, 34, S. 326.

BOCHNER, S.: An unobtrusive approach to the study of housing discrimination against aborigines, Australian Journal of Psychology, 1972, 24, S. 335 - 337.

BREER, P.E. und LOCKE, E.A.: Task experience as a source of attitudes. Homewood, III: Dorsey, 1965.

BROTSKY, J.S. und THOMAS, K.: Cooperative behavior in preschool children. Psychonomic Science, 1967, 9, S. 337 - 338.

BRYAN, J.H.; TEST, M.A.: "Models and helping: Naturalistic studies in aiding behavior". Journal of Personality and Social Psychology, 1967, 6, S. 400 - 407.

BUTTGEREIT, H.: Die Darstellung von Hilfeleistung und unterlassener Hilfeleistung in der deutschen Presse. - Eine inhaltsanalytische Untersuchung. Hausarbeit. Erste Staatsprüfung für das Lehramt an Gymnasien. Gesamthochschule Duisburg, 1979.

CIALDINI, R.B.; KENRICK, D.T.: "Altruism as hedonism: A social development perspective on the relationship of negative mood state and helping". Journal of Personality and Social Psychology, 1976, 34, S. 907 - 914.

CHARLTON, M.; LIEBELT, E.; SOLTZ, J. und TAUSCH, A.M.: Auswirkung von Verhaltensmodellen aus einem Fernsehwestern auf Gruppenarbeitsverhalten und Agressionsbereitschaft von Grundschülern. Psychol. in Erz. und Unterricht, 1974, 21, S. 164 - 175.

COHEN, D.J.: Justin and his peers: An experimental analysis of a child's social world. Child development, 1962, 33, S. 697 - 717.

CROWNE, D.P. und MARLOWE, D.: The approval motive. New York, 1964.

DANN, E.: Untersuchungen über den Zusammenhang zwischen Moralentwicklung von Kindern und elterlichem Erziehungsstil. Diplomarbeit. Gesamthochschule Duisburg, 1978.

DONNERSTEIN, E.; DONNERSTEIN, M.; MUNGER, G.: "Helping behavior as a function of pictorially induced moods". The Journal of Social Psychology, 1975, 97, S. 221 - 225.

DORWART, W.; EZERMAN, R.; LEWIS, M. und ROSENHAN, D.: The effect of social deprivation and subsequent social and nonsocial reinforcement on probability learning. J. Person. soc. Psychol., 1965, 2, S. 111 - 115.

EDWARDS, A.L.: Experimental design in psychological research. New York: Holt, Rinehart & Winston, 1968.

EISENBERGER, R.: Is there a deprivation-satiation function for social approval? Psychol. Bull., 1970, 74, S. 255 - 275.

ENDO, G.T.: Social drive or arousal: A test of two theories of social isolation. J. Exper. Child Psychol., 1968, 6, S. 61 - 74.

FERCHO, I.: "Experimentelle Studie zur Hilfeleistung". Unveröffentlichte Diplomarbeit, Universität Köln, 1973.

GAERTNER, S.L.: "Helping behavior an racial discrimination among liberals and conservatives". Journal of Personality and Social Psychology, 1973, 25, S. 335 - 341.

GAERTNER, S.; BICKMANN, L.: "Effects of race on the elicitation of helping behavior: The wrong number technique." Journal of Personality and Social Psychology, 1971, 20, S. 218 - 222.

GALLIMORE, R.; THARP, R.G. und KEMP, B.: Positive reinforcing of negative attention. J. Experim. Child Psychol., 1969, 8, S. 140 - 146.

GERWITZ, J.L. und BAER, D.M.: The effect of brief social deprivation on behaviors for a social reinforcer. J. Abnorm. Soc. Psychol., 1958 (a), 56, S. 49 - 56.

GERWITZ, J.L. und BAER, D.M.: Deprivation and satiation of social reinforcers as drive conditions. J. Abnorm. Soc. Psychol., 1958 (b), 57, S. 165 - 172.

GERWIRTZ, J.L.: A learning analysis of the effects of normal stimulation, privation and deprivation on the acquisition of social motivation and attachement. In: B.M. FOSS (Ed): Determinants of Infant Behavior. London: Methuen, 1961, S. 213 - 299.

GERWITZ, J.L.: Potency of a social reinforcer as a function of satiation and recovery. Develop. Psychol., 1969, 1, S. 2 - 13.

GÜNSTER, R.: Einfluß von Stimmungen auf Hilfeleistung gegenüber Einheimischen und Ausländern. I Literaturübersicht. Hausarbeit. Erste Staatsprüfung für das Lehramt an Gymnasien. Gesamthochschule, 1978.

HAKE, D.F.; POWELL, J. und OLSEN, R.: Conditioned suppression as a sensitive baseline for social facilitation. J. experim. Anal. Behav., 1969, 12, S. 807 - 816.

HAKE, D.F.; VUKELICH, R. und KAPLAN, S.J.: Audit responses: Responses maintained by access to existing self of coactor scores during nonsocial, parallel work, and cooperation procedures. J. exp. Anal. Behav., 1973, 19, S. 409 - 423.

HAKE, D.F. und VUKELICH, R.: Analysis of the control exerted by a complex cooperation procedure. J. experim. Anal. Behav., 1973, 19, S. 3 - 16.

HAKE, D.F.; OLVERA, D. und BELL, J.C.: Switching from competition to sharing or cooperation at large response requirements: Competition requires more responding. J. experim. Anal. Behav., 1975, 24, S. 343 - 354.

HECHELTJEN, K.-G. und MERTESDORF, F.: Entwicklung eines mehrdimensionalen Stimmungsfragebogens (M-S-F). Gruppendynamik, 1973, Heft 1, S. 110 - 121.

HILL, K.T. und MOELY, B.E.: Social reinforcement as a function of sex of S, age of S, and baseline performance. J. Experim. Child Psychol., 1969, 7, S. 153 - 165.

HOWELL, J.S.: The effects of social isolation and vicarious instigation on Children's performance of task for social reinforcement. Diss. Abstracts Intern., 1972, Vol. 32, 7311.

HUITS, J.H.: Gewissensbildung. Köln, 1969.

ISEN, A.M.: "Success, failure, attention, and reaction to others: The war glow of success". Journal of Personality and Social Psychology, 1970, 15, S. 294 - 301.

ISEN, A.M.; LEVIN, P.F.: "Effect of feeling good on helping: Cookies and kindness". Journal of Personality and Social Psychology, 1972, 21, S. 384 - 388.

ISEN, A.M.; HORN, N.; ROSENHAN, D.L.: "Effects of success and failure on children's generosity". Journal of Personality and Social Psychology, 1973, 27, S. 239 - 247.

ISEN, A.M.; SCHWARTZ, S.: "Duration of the effect of good moon on helping: Footprints on the sands of time". Journal of Personality an Social Psychology, 1976, 34, S. 385 - 393.

JÜRGER, S.: Sozialer Einstellungstest (S-E-T), Göttingen: Hogrefe, 1969.

KAZDIN, A.E.; BRYAN, J.H.: "Competence and volunteering". Journal of Experimental Social Psychology, 1971 , 7, S. 87 - 97.

KELLER, F.S. und SCHOENFELD, W.N.: Principles of psychology. New York: Appleton, 1950, S. 357 - 358.

KEMMLER, L.; WINDHEUSER, H.-J. und MORGENSTERN, F.: Gruppenanwendung von "Piaget"-Geschichten zum moralischen Urteil bei acht- bis neunjährigen Jungen im Vergleich mit einigen anderen Variablen. Z. f. Entwicklungspsychologie und Pädagogische Psychologie, 1970, 2, S. 113 - 124.

KIDD, R.F.; BERKOWITZ, L.: "Effects of dissonance arousal on helpfulness". Journal of Personality and Social Psychology, 1976, 33, S. 613 - 622.

KOCH, J.; SCHNEIDER, E.: Das Lernen altruistischer Verhaltensweisen anhand von Modellpersonen. Thema Nr. 35, Planungspraktikum Wintersemester 1974/75 Universität Wien. Unveröffentlichtes Manuskript.

KOZMA, A.: The effects of anxiety stimulation, and isolation on social reinforcer effectiveness. J. experim. Child Psychol., 1969, 8, S. 1 - 8.

KOZMA, A.: Instructional ans isolation effects on susceptibility to social reinforcement. Canadian. J. Behavioral Science, 1971, 3, S. 388 - 392.

KRASNER, L. und ULLMANN, L.P.: Behavior influence and Personality. The social matrix of human action. Holt, Rinehart & Winston: New York, 1973.

KRAUTH, J. und LIENERT, G.A.: KFA - Die Konfigurationsfrequenzanalyse und ihre Anwendung in Psychologie und Medizin. Freiburg: Alber, 1973.

KREBS, D.; WHITTEN, P.: "Geben ist (nicht immer) seliger als Nehmen". Psychologie Heute, Oktober 1974, S. 62 - 74.

LADMANN, H.L.: Einfluß von Stimmungen auf Hilfeleistung gegenüber Einheimischen und Ausländern II. Ein Feldexperiment. Hausarbeit. Erste Staatsprüfung für das Lehramt an Gymnasien. Gesamthochschule Duisburg 1978.

LERNER, R.M.; FRANK, P.: "Relation on race and sex to supermarket helping behavior". The Journal of Social Psychology, 1974 (b), 94, S. 201 - 203.

LEWIS, M. und RICHMAN, S.: Social encounters and their effect on subsequent social reinforcement. J. Abnorm. Soc. Psychol., 1964, 69, S. 253 - 257.

LICHTENBERG, R.P.: Die Adaption von vier amerikanischen Persönlichkeitsskalen zur Prognose prosozialen Verhaltens. Unveröffentlichte Diplomarbeit, Institut für Sozialpsychologie der Universität zu Köln, 1974.

LIENERT, G.A.: Verteilungsfreie Methoden in der Biostatistik. Meisenheim: Hain, 1962.

LINDSLEY, O.R.: Experimental analysis of social reinforcement: terms and methods. American J. Orthopsychiatry, 1963, 33, S. 624 - 633.

LINDSLEY, O.R.: Experimental analysis of cooperation & competition In: T. VERHAVE (Ed): The experimental analysis of behavior. New York: Appleton-Century-Crofts, 1966, S. 470 - 501.

LÜCK, H.E.; TIMAEUS, E.: "Skalen zur Messung manifester Angst (MAS) und sozialer Wünschbarkeit (SDS-E und SDS-CM)." Diagnostica, 1969, 15, S. 134 - 141.

LÜCK, H.E.: Prosoziales Verhalten. Köln, 1975.

LÜCK, H.E. (Hrsg.): Mitleid, Vertrauen, Verantwortung. Ergebnisse der Erforschung prosozialen Verhaltens. Stuttgart: Klett, 1977.

LÜCK, H.E.: Hilfeleistung als sozialpädagogisches Grundprinzip. Archiv für angewandte Sozialpädagogik, 1977 (a), 8, S. 223 - 237.

LÜCK, H.E.: Aspects of a transnational theory of prosocial behavior. In: L. Wispé (hrsg.): Altruism, sympathy, and helping. New York: Academic Press, 1978, S. 209 - 228.

LÜCK, H.E.: Verschiedene empirische Untersuchungen zum prosozialen Verhalten. Bericht 3 des Arbeitsbereichs Psychologie der Fernuniversität Hagen, 1979.

MACK, D. und KNIGHT, G.P.: Identification of the other player's characteristics in the reiterated prisoner's dilemma game. Psychol. Reports, 1974, 24, S. 93 - 100.

MARWELL, G.; SCHMITT, D.R. und SHOTOLA, R.: Cooperation and interpersonal risk. J. person. soc. Psychol., 1971, 18, S. 9 - 32.

MARWELL, G. und SCHMITT, D.R.: Cooperation - An experimental Analysis. Academic Press. New York, 1975.

McGINNIES, E: Social Behavior: A Functional Analysis. Boston: Houghton Mifflin, 1970.

MIDLARSKY, E.: "Some antecedents of aiding under stress". In: Krebs, D.L.: "Altruism - an examination of the concept and a review of the literature". Psychological Bulletin, 1970, 73, S. 258 - 302.

MISCHEL, W.; EBBESEN, E.; ZEISS, A.: "Cognitive and attentional mechanismsin delay of gratification". Journal of Personality and Social Psychology, 1972, 21, S. 204 - 218.

MITHAUG, D.E. und Burgess, R.L.: Effects of different reinforcement procedures in the establishment of group response. J. experim. Child Psychol., 1967, 5, S. 441 - 454.

MITHAUG, D.E. und BURGESS, R.L.: The effects of different reinforcement contigencies in the development of social cooperation. J. experim. Child Psychol., 1968, 6, S. 402 - 426.

MITHAUG, D.E.: The development of cooperation in alternative task situations. J. experim. Child Psychol., 1969, 8, S. 443 - 446.

MOORE, B.; UNDERWOOD, B.; ROSENHAN, D.: "Affect and altruism". In: Wispé, L.G.: "A reexamination of the role of moods and helping behavior". (H.E. Lück erhielt dieses Manuskript vom Verfasser im Juli 1977.

NEMETH, C.: Bargaining and reciprocity. Psychological Bulletin, 1970, 74, S. 297 - 308.

NIE, N.H. u.a. (Hrsg.): SPSS. Statistik-Programmsystem für die Sozialwissenschaften. Stuttgart, New York, 1976 (Fischer).

PARTON, D.A. und ROSS, A.O.: Social reinforcement of children's motor behavior: A review. Psychological Bulletin, 1965, 64, S. 65 - 73.

PIAGET, J.: Das moralische Urteil beim Kinde. Zürich, 1954. Original: Le jugement moral chez l'enfant. Paris, 1932.

PILIAVIN, I.; RODIN, J.; PILIAVIN, J.: "Good samaritanism: An underground phenomenon?" Journal of Personality and Social Psychology, 1969, 13, S. 289 - 299.

RICHMOND, B.O. und WEINER. G.P.: Cooperation and competition among young children as a function of ethnic grouping, grade, sex and reward condition. J. Educational Psychol., 1973, 64, S. 329 - 334.

ROSENBERG, S. und HALL, R.L.: The effects of different social feedback conditions upon performance in dyadic teams. J. Abnorm. soc. Psychol., 1958, 57, S. 271 - 277.

ROSENBERG, S.: Cooperative behavior in dyads as a function of reinforcement parameters. J. Abnorm. soc. Psychol., 1960, 60, S. 318 - 333.

ROSENBERG, S.: Influence and reward in structured two person interactions. J. Abnorm. soc. Psychol., 1963, 67, S. 379 - 387.

ROSENHAN, D.: Aloneness and togetherness as drive conditions. J. Experim. Research in Person., 1967, 2, S. 32 - 40.

ROSENHAN, D.L.; UNDERWOOD, B.; MOORE, B.: "Observation and rehearsal as determinants of prosocial behavior". In: Wispé, LG.: "Positive forms of social behavior: An overview". Journal of Social Issues, 1972, 28, S. 1 - 19.

SCHELLENBERG, J.A.; BLEVINS, G.A.: "Feeling good and helping: How quickly does the smile of dame fade?" Psychological Reports, 1973, 33, S. 72 - 74.

SCHMITT, D.R. und MARWELL, G.: Stimulus control in the experimental study of cooperation. J. experim. Anal. Behavior, 1968, 11, S. 571 - 574.

SCHMITT, D.R. und MARWELL, G.: Avoidance of risk as a determinant of cooperation. J. experim. Anal. Behavior, 1971, 16, S. 367 - 374 (b).

SCHNEIDER, J.; MINKMAR, H.: Deutsche Neukonstruktion einer Konservatismusskala. Diagnostica, 1972, 18, S. 37 - 48.

SIMON, W.E.: "Helping behavior in the absence of visual contact as a function of sex of person asking for help and sex of person being asked for help." Psychological Reports, 1971, 28, S. 609 - 610.

STAPF, K.H.; HERMANN, TH.; STAPF, A. und STÄCKER, K.H.: Psychologie des elterlichen Erziehungsstils. Stuttgart (Huber/Klett), 1972.

STEVENSON, H.W. und ODOM, R.D.: The effectiveness of social reinforcement following two conditions of social deprivation. J. Abnorm. Soc. Psychol., 1962, 65, S. 429 - 431.

STEVENSON, H.W.: Social reinforcement of children's behavior. In: P. LIPSETT & C.L. SPIKER (Eds): Advances in child development and behavior. Vol. II, New York: Academic Press, 1965, S. 97 - 126.

TEDESCHI, J.T.; ARANOFF, D.; GAHAGAN, J.P. und HIESTER, D.S.: The partial reinforcement effect and the prisoner's dilemma. J. Soc. Psychol., 1968, 75, S. 209 - 215.

TIPTON, R.B.; BROWNING, S.: "Altruism: Reward or punishment?" The Journal of Psychology, 1972 , 80, S. 319 - 322.

URANOWITZ, S.W.: "Helping and self - attributions: A field experiment". In: LÜCK, H.E.: Mitleid, Vertrauen, Verantwortung". 1. Kapitel. Stuttgart, 1977 (Dieses Manuskript vom Autor im August 1978 erhalten).

VELTON, E.C. jr.: "The induction of elation and depression through the reading of structured sets of mood - statements". In: Aderman, D.: "Elation, depression, and helping behavior". Journal of Personality and Social Psychology, 1972, 24, S. 91 - 101.

VOGLER, R.E.: On the definition of cooperation. Psychol. Reports, 1969, 25, S. 281 - 282.

VOGLER, R.E.: Possibility of artifact in studies of cooperation. Psychol. Reports, 1968 (a), 28, S. 9 - 10.

WALTERS, R.H. und RAY, E.: Anxiety, social isolation and reinforcer effectiveness. J. Personal., 1960, 20, S. 358 - 367.

WALTERS, R.H. und PARKE, R.D.: Emotional arousal, isolation and discrimination learning in children. J. experim. Child Psychol., 1964 (a), 1, S. 163 - 173.

WALTERS, R.H. und PARKE, R.D.: Social motivation, dependency and susceptibility to social influence. In: L. BERKOWITZ (Ed.): Advances in experimental social psychology. N.Y.: Academic Press, 1964, Vol. 1 (b).

WEINGARTEN, K. und MECHNER, F.: The contingency as an independent variable of social interaction. In: TH. VERHAVE: The experimental analysis of behavior. N.Y.: Appleton Century Crofts, 1966, S. 447 - 459.

WICHMAN, H.: Effects of isolation and communication on cooperation in a two-person-game. J. Person. soc. Psychol., 1970, 16, (1), S. 114 - 120.

WILKE-BIRKENHAUER, U.: Experimentelle Untersuchungen zur Analyse kooperativen Verhaltens bei Kindern. Diss. Univ. Düsseldorf, 1976.

WILKE-BIRKENHAUER, U.: Kooperatives Verhalten bei Kindern - ein Überblick über theoretische Konzepte und empirische Befunde. In: H. LÜCK (Hrsg.): Mitleid, Vertrauen, Verantwortung. Ergebnisse der Erforschung prosozialen Verhaltens. Stuttgart: Klett, 1977.

WINER, B.J.: Statistical principles in experimental design. New York: McGraw-Hill, 1962.

WINER, B.J.: Statistical principles in experimental design. New York: u.a. (McGraw-Hill) 1963.

Wispé, L.G.; KIECOLT, J.; LONG, R.E.: "Cognized helping - nonhelping, moods and helping behavior". (H.E. Lück erhielt diese Zusammenfassung vom Verfasser im Dezember 1973; Zusammenfassung im August 1978 von H.E. Lück erhalten).

WISPE, L.G.; FRESHLEY, H.B.: "Race, sex, and sympathetic helping behavior: The broken bag caper". Journal of Personality and Social Psychology, 1971, 17, S. 59 - 65.

WISPÉ, L.G.: "A reexamination of the role of moods and helping behavior". Unveröffentlichtes Manuskript, 1977.

WUBBERHORST, J.; GRADFORD, S.; WILLIS, F.N.: "Trust in children as a function of race, sex, and socioeconomic group". Psychological Reports, 1971, 29, S. 1183 - 1187.

YOSHINO, N.: Social reinforcement and affiliation: The interpersonal behavior of children: II. Japanese J. Educational Psychol., 1972, 20, S. 236 - 243.

GPSR Compliance

The European Union's (EU) General Product Safety Regulation (GPSR) is a set of rules that requires consumer products to be safe and our obligations to ensure this.

If you have any concerns about our products, you can contact us on ProductSafety@springernature.com

In case Publisher is established outside the EU, the EU authorized representative is:

Springer Nature Customer Service Center GmbH
Europaplatz 3
69115 Heidelberg, Germany

Batch number: 10809636

Printed by Printforce, the Netherlands